KB273506

내 일은 내가 만든다

1人 1業

내 일은 내가 만든다

1人 1業

서창수 지음

대한민국 청년들은
가슴이 답답하다

오늘 나는 대학을 그만둔다. 아니, 거부한다!

G세대로 '빛나거나' 88만원 세대로 '빛내거나', 그 양극화의 틈새에서 불안한 줄타기를 하는 20대. 그저 무언가 잘못된 것 같지만 어쩔 수 없다는 불안과 좌절감에 앞만 보고 달려야 하는 20대. 그 20대의 한가운데에서 다른 길은 이것밖에 없다는 마지막 남은 믿음으로.

이제 나의 이야기를 시작하겠다. 이것은 나의 이야기이지만 나만의 이야기는 아닐 것이다. 나는 25년 동안 경주마처럼 길고 긴 트랙을 질주해왔다. 우수한 경주마로, 함께 트랙을 질주하는 무수한 친구들을 제치고 넘어뜨린 것을 기뻐하면서. 나를 앞질러 달려가는 친구들 때문에 불안해하면서. 그렇게 소위 '명문대 입학'이라는 첫 관문을 통과했다. 그런데 이상하다. 더 거세게 나를 채찍

질 해봐도 다리 힘이 빠지고 심장이 뛰지 않는다.

지금 나는 멈춰 서서 이 경주 트랙을 바라보고 있다. 저 끝에는 무엇이 있을까? '취업'이라는 두 번째 관문을 통과시켜 줄 자격증 꾸러미가 보인다. 너의 자격증 앞에 나의 자격증이 우월하고 또 다른 너의 자격증 앞에 나의 자격증이 무력하고, 그리하여 새로운 자격증을 향한 경쟁 질주가 다시 시작될 것이다. 이제서야 나는 알아차렸다. 내가 달리고 있는 곳이 끝이 없는 트랙임을. 앞서간다 해도 영원히 초원으로는 도달할 수 없는 트랙임을. (…)

큰 배움도 큰 물음도 없는 '대학大學' 없는 대학에서, 나는 누구인지, 왜 사는지, 무엇이 진리인지 물을 수 없었다. 우정도 낭만도 사제 간의 믿음도 찾을 수 없었다. 가장 순수한 시절 불의에 대한 저항도 꿈꿀 수 없었다. 아니, 이런 건 잊은 지 오래여도 좋다. 그런데 이 모두를 포기하고 바쳐 돌아온 결과는 정말 무엇이었는가. 우리들 20대는 끝없는 투자 대비 수익이 나오지 않는 '적자세대'가 되어 부모 앞에 죄송하다.

젊은 놈이 제 손으로 자기 밥을 벌지 못해 무력하다. 스무 살이 되어서도 내가 뭘 하고 싶은지 모르고 꿈을 찾는 게 꿈이어서 억울하다. 이대로 언제까지 쫓아가야 하는지 불안하지만 우리 젊음이 서글프다.

나는 대학과 기업과 국가, 그리고 대학에서 답을 찾으라는 그들의 큰 탓을 묻는다. 깊은 분노로. 그러나 동시에 그들의 유지자가 되었던 내 작은 탓을 묻는다. 깊은 슬픔으로. '공부만 잘하면' 모든 것을 용서받고, 경쟁에서 이기는 능력만을 키우며 나를 값비싼 상품으로 가공해온 내가 체제를 떠받치고 있었음을 고백할 수밖에 없다. 이 시대에 가장 위악한 것 중에 하나가 졸업장 인생인 나, 나 자신임을 고백할 수밖에 없다. 그리하여 오늘 나는 대학을 그만둔다. 아니, 거부한다. (…) 이제 내가 거부한 것들과의 다음 싸움을 앞에 두고 나는 말한다.
"그래, 누가 더 강한지는 두고 볼 일이다."

ー『김예슬 선언』중에서

2010년 3월 고려대학교 경영학과 김예슬 학생이 자퇴를 결정하면서 교내 대자보로 붙였던 내용이다. 당시 대학가뿐 아니라 우리 사회에 작은 울림을 주었던 이 대자보는 몇 년이라는 시간이 지났지만, 현재 대한민국이 당면해 있는 대학의 문제와 대학생들의 고민을 그대로 담고 있다. 그렇다. 우리는 그때로부터 크게 나아가지 못했다. 대학에서 학생들을 가르치고 있는 입장에서 등이 서늘해진다. 가슴이 답답해 온다.

대한민국의 대학 진학률은 80%대, 세계 최고의 수치다. 복잡한 기준과 절차와 과정을 거쳐야만 대학에 들어간다. 하지만 대학에 들어간 대학생들은 행복하지 않단다. 즐겁지 않단다. 불행하단다. 이유가 뭘까.

대학이 학생들이 원하는 것을 제공하지 못하는 것이 가장 큰 이유다. 상아탑이라는 이름으로 포장된 대학들은 인터넷과 모바일, SNS로 세상을 꿰뚫고 있는 조숙한 대학생들의 고민과 갈증을 감당할 수가 없다. 그나마 졸업하면 노력한 보상이라도 있어야 하는데 요즘에는 그런 것도 없다. 대부분의 청년들이 대졸자이니 졸업장의 희소가치도 없어졌다.

현재 대한민국의 대학들은 취업 알선처로 전락했다고 비판 받는다. 학생 자격증과 어학연수하는 곳으로 오해 받을 정도로 권위가 바닥이다. 취업을 위한 것이라면 차라리 고등학교 졸업하고 사회에 진출하는 것이 더 유리한 것 아닌가라는 소리는 더 이상 농담이 아니다.

"그래도 대학은 나와야지"라는 말은 대체 언제부터, 어떤 의미로 사용되었던 걸까. 억지로 대학을 다니고 졸업을 했는데, "그래도 대학은 나와야" 했던 질문의 해답은 풀리지 않는다. 오죽하면 졸업학점을 이수하고도 대학에 적을 둘 수 있는 졸업유예제라는 게 생겼을까. 대학 자퇴율은 갈수록 높아지고, 대학 무용론을 외치는 목소리는 점점 거세지고 있다. 대학 진학률마저 점점 낮아진다. 대학은 대체 어떤 곳인가?

발랄함, 겁 없음, 무한도전, 싱싱함! 아마도 이런 것이 대학생을 상징하는 키워드가 아닐까. 하지만 요즘에는 그런 학생들을 잘 볼 수가 없다. 가장 원기 왕성해야 할 청년 대학생들이 힘이 없다. 겉으로는 잘 내색하려 하지 않지만 속내를 물어보면 대개가 그렇다. 기운이 없다. 이유를 물으니 돌아오는 대답이 이렇다.

"서울 대학을 못가서요."

그들이 말하는 '서울 대학'은 크게는 수도권에 소재한 대학이고, 작게는 서울 시내에 있는 대학이며, 더 작게는 소위 말하는 몇 개의 유명 대학들을 의미한다. 가장 주눅 들어 있는 건 지방대 학생들이다. 전공과 대학에 관계없이 대부분의 지방대 학생들은 1지망으로 온 것이 아니라 2, 3지망을 통해 입학한 학생들이다. 이들은 1지망을 못 간 아쉬움을 여전히 갖고 있다. 자신의 적성이나 집과의 거리 등 일반적으로 대학을 선택할 때 고려하는 요인과 관계없이 1지망 대학을 못 갔다는 이유만으로 지방대 학생들은 주눅 들어 있다. 1지망 대학은 어디였을까? 대부분 서울 또는 수도권 소재 대학이라고 한다.

우리나라 대학생 수는 2015년 기준 전문대, 일반대, 교육대 등을 합쳐 330만여 명에 달한다. 그중에서 수도권 대학생이 약 40%, 소위 말하는 지방대 학생이 나머지 60%다. 충남대학교 천

세영 교수는 대학신문 기고문에서 지방대 학생들의 서러움을 다음과 같이 표현했다.

지방대 학생은 서럽다. 여러 가지로 서럽다. 서러운 것을 열거할라치면 이루 헤아릴 수 없겠지만 세 가지만 얘기해보고자 한다. 첫째로 지방대 학생들은 화난다. 공부도 못하던 같은 반 친구들 중에 서울 대학(서울에 있는 대학)에 진학한 애들을 보면 화가 난다. 나도 서울 대학에 진학할 수 있는 성적이 분명히 되었지만 난 서울 대학보다는 지방 대학을 택했다. 이유는 여러 가지다. 우선 서울 대학에 진학하려면 돈이 정말 많이 든다. 그런데 그렇게 많이 돈이 들 만큼 좋은 대학도 아닌 것이 서울 대학이다. 지방 대학의 값어치가 돈에 비하면 훨씬 좋은 편이다. 좋은 대학과 나쁜 대학에 가고 못가는 것은 분명히 공부를 얼마나 열심히 하고 안 했는가에 의해서만 결정된다고 학교선생님들께 들었고 나도 그렇게 믿었다. 그런데 내가 공부할 때 놀기만 하고 성적도 나보단 못한 친구들이 무슨 이유인지 서울 대학에 진학을 하고 나면 사정이 달라진다. 어느새인가 그 친구들은 나에게 와서 뽐내기 시작하고, 뽐내다 지치면 나를 무시하기 시작한다. 어느새인가 나는 그 친구보다 공부 못한 아이가 되어버린다. 사람들도 그렇게 생각한다. 정말 화난다.

이러한 푸념은 지방대뿐만이 아닌 수도권 대학생의 경우도 비슷하단다. 심지어는 최고의 대학을 다니는 학생들 중에도 주눅 든 친구들이 많단다. 소위 2위 대학교의 대학생들은 1위 대학을 못가서, 3위 대학의 학생들은 2위 대학을 못가서 그렇단다. 결과적으로 보면 대한민국 대학생들의 거의 대부분은 주눅 들어 있는 셈이다.

학벌주의와 대학 서열화 문제가 심각하다. 좋은 대학, 좋지 않은 대학이 너무 분명하게 갈려 있다. 지방 대학이나 중위권 대학에는 소위 말해지는 일류 대학들에 뒤지지 않거나 오히려 뛰어난 학과가 있는데도 판가름 나는 건 결국 대학교의 간판이다. 그래서 대한민국 대학생들은 입시 지옥을 두 번 치른다. 대학에 입학할 때, 다른 대학으로 편입할 때!

전공이 맞지 않아서인 경우도 많지만 대부분의 편입은 지방대학생들의 서울 및 수도권을 향한 도전이다. 입시 때 달성하지 못한 1지망 대학의 꿈을 실현하기 위한 처절한 이동이라 할 수 있다. 해마다 이렇게 대이동을 시도하는 대학생들의 숫자만 10만여 명에 이른다. 대한민국 사회의 뿌리 깊은 대학 서열 구조, 그와 밀접하게 연관된 성적순의 선발 관행, 적성이나 진로에 대한 지도의 부실이 빚어낸 참극이다.

　문제는 대학에 다닐 때만이 아니라 졸업 후에도 이 '대학'이라는 망령이 계속 따라다닌다는 것이다. 취업할 때도, 취업 후 승진이나 기회를 잡을 때도 계속 대학의 이름이 영향을 미친다. 마치 대한민국이라는 나라는 대학이 그 사람의 인생을 결정하는 것처럼 말이다. 그런데 실제로도 그렇다는 것이 더 큰 문제다.

　심각하다. 어느 대학을 나왔는가가 인생을 결정한다니! 서른 살도 되지 않았는데 이미 인생이 결정되다니. 고등학교 교과목 몇 개의 성적만으로 한 사람의 인생이 판정되다니. 누가 이런 걸 납득할 수 있을까. 하지만 현실이 그렇다. 그러니 대학생들이 답답한 것이다. 상식적으로 이해가 가지 않는데, 사회는 그렇게 돌아가고 있다. 대학 간판이 그렇게 중요한가?

"예전엔 말이야, 예전엔…." 대체 언제 적 얘기인가?

　고등학생들이 대학이나 전공을 선택할 때 가장 큰 영향을 미치는 사람은 누구일까? 담임선생님이나 진로 담당 선생님이 49%로 가장 높았고, 그다음이 부모(22%)였다. 대학생들이 인생의 진로를 결정할 때 가장 많은 영향을 미치는 사람은 부모가 43%로 가장 높았고, 텔레비전이나 언론이 20%, 상담교사가 11%, 친구가 11% 등으로 나타났다. 두 경우 모두 부모가 비중이 높다. 가장 의지가 되고 신뢰할 수 있는 사람들인 것이다.

그런데 바로 이 부모들 때문에 대학생들은 가슴이 답답하다. 지나친 간섭과 개입이 그 첫 번째 이유다. 두 번째는 부모들의 권위주의적 자세와 태도, 세 번째는 진로 설정에 대한 갈등 때문이다. 이 시대 대학생들은 상대적으로 부유해진 부모세대들의 과잉보호 속에서 자신들의 자유로운 의사보다 부모들의 의지에 따라 양육된 세대들이다. 이 세대의 부모들은 사사건건 간섭하고, 지시하고, 대신 결정해주는 것에 익숙하다. 자신의 자녀가 독자적이고 독립적인 존재임을 인정하려 하지 않는다. 언제까지고 품 안에 자식이길 원한다.

그렇기 때문에 청년들은 진로에 있어서 늘 부모와 갈등할 수밖에 없다. 하고 싶은 것이 따로 있는데 부모는 공무원이나 교사를 권한다. 자신의 적성과 관계없이 무조건 하고 보란다. 젊을 때 철없는 생각으로 시간 낭비하지 말고 자신들 말대로 해서 나쁠 게 하나 없다고 우긴다. 직업은 뭐니 뭐니 해도 남에게 아쉬운 소리 안 해도 되고, 안정적인 공무원이 최고란다. 아니면 '사' 자 붙는 직업. 그것도 안 되면 학교 선생이나 공기업, 대기업에 들어가라고 한다.

그러나 사실 청년들은 별로 그렇게 하고 싶지 않다. 매력도 크게 느끼지 못하겠고, 잘 할 수 있을 것 같지도 않다. 그렇다고 딱히 다른 대안을 가지고 있는 것도 아니다. 내 이야기를 해도 응원 받거나 박수를 받을 것 같지가 않다. 무능하고 철모르는 아이 취급을 받을 게 뻔하다. 한편으로 공무원이나 공기업, 대기업 선배들을 보면 답답하고 힘들겠다는 생각을 떨칠 수가 없다. 부모들이 이야기하는 인기 직업들은 옛날에는 모르겠지만 지금은 아닌 것 같다. 그런데 부모들을 설득할 자신이 없다. 그게 아니라고 이야기할 수 있는 이론이나 근거, 경험이 없으니 당연하다. 그래서 솔직히 영혼 없이 이야기를 듣고 영혼 없이 그 길을 따라간다. 그래서 청년들은 또 답답하다.

내리막 세상, 노력해도 소용없다

몇 해 전 미래에셋은퇴연구소와 조선일보가 공동으로 연구한 결과에 의하면 기존 세대보다 IMF 전후로 취업한 세대(1970~1983년생)와 이른바 88만원 세대(1984~1993년생)는 인생의 10단계를 밟고 나면 적자를 볼 것이라고 조사되었다. 여기에서 인생의 10단계란 ① 배우는 단계(20~29세) ② 취업하는 단계(25~32세) ③ 자녀 키우는 단계(30~55세) ④ 내 집 마련하는 단계(35~60세) ⑤ 조기 퇴직하는 단계(50~60세) ⑥ 창업하는 단계(55~65세) ⑦ 자식 결혼시키는 단계(60~70세) ⑧ 노부모 부양하는 단계(60~75세) ⑨ 본인 의료비 대는 단계(70~85세) ⑩ 장수 리스크 단계(85~100세)를 말한다. 세대별로 각 단계별 들어가는 돈과 나

중에 회수할 수 있는 돈의 금액을 비교해 보면, 1969년생 이전 단계인 베이비부머 세대까지는 그래도 다소의 흑자를 기록하지만 'IMF 전후로 취업한 세대'와 '88만원 세대'는 10단계를 다 밟을 경우 '마이너스'로 나타나고 특히 '88만원 세대'의 경우 정해진 단계를 모두 밟으면 2억 원이 넘는 손실이 나는 것으로 나타났다. 사회생활의 시작부터 부채를 가지고 시작하는 꼴이다. 지난 20년 사이 '위로 올라가는 사람이 많은 사회'에서 '멈춰서거나 아래로 떨어지는 사람이 더 많은 사회'로 변했다는 걸 확인할 수 있다.

미래는 더 암울하다. 출산율은 점점 줄어들고 반대로 수명은 점점 더 늘어난다. 노인들은 많아지고 청년들은 줄어든다. 소수의 청년들이 다수의 노인들을 먹여 살려야 한다. 청년들의 부담이 점점 더 늘어나는 것이다. 더구나 정치인이나 정부는 사회복지를 점점 더 확대하고 보편적 복지를 지향하는 추세다. 복지제도 예산은 국민들의 세금이다. 미래를 지탱하는 세금을 낼 사람은 청년들인데 복지부담은 점점 늘어나니, 청년들의 어깨는 시간이 갈수록 무거워질 수밖에 없다.

청년들의 사회 출발 상황이 부모세대보다 열악한 건 분명한 사실이다. 하지만 보다 심각한 건 상황이 개선될 여지가 거의 없다는 것이다. 제현주는 그의 책 『내리막 세상에서 일하는 노마드를 위한 안내서』에서 이러한 사회를 '내리막 세상'이라고 표현했다.

청년들의 어려움과 사회적 부담 증가로 인해 중산층은 야금야금 줄고 빈곤층은 늘어난다. 성실하기만 하면 가난에서 벗어날 수 있다는 장밋빛 약속은 이제 뜬구름잡는 소리가 되었다. 과거 고도 경제성장 시대에는 성장의 파도에 몸만 태우면 더 높은 곳으로 굳이 열심히 노력하지 않아도 도달할 수 있었다. 그때는 커다란 파도에 몸을 싣는 것이 핵심이었다. 남들 하는 만큼만 하면, 남보다 더 빠르지도 않고 더 느리지도 않게만 하면 자동적으로 더 나은 삶으로 이동이 가능했다. 그러나 이제 그런 세상은 어디에도 없다. 고려대 장하성 교수는 한 강연에서 청년세대를 향해 "여러분 세대는 한국 전쟁 이후, 자식세대가 부모세대보다 나아지지 못한 최초의 세대"라며 "앞으로 더 나빠질 것이다. 젊은 세대는 더 순종을 할 것이니까. 그러면 아무것도 바뀌지 않는다. 울고 싶으면 울어버려라"라고 말했다.

2015년 초 한국과학기술정책연구원 박성원 박사가 20~34세 청년층을 대상으로 설문조사를 하면서 청년들에게 "바라는 미래상이 무엇인가?"라고 물었다. "지속적인 경제성장"이라고 응답한 청년은 23%에 불과한 반면, "붕괴, 새로운 시작"이라는 응답은 무려 42%나 됐다. 절반에 가까운 청년들이 대한민국 사회가 붕괴되고 차라리 새로 시작했으면 좋겠다는 바람을 피력한 것이다.

오죽하면 이런 반응을 보였을까?

이러한 현상에 대해 일부 기존 세대들은 어렵고 험한 일을 하지 않으려는 요즘 청년들의 나태한 자세가 문제라고 비판한다. 또한 요즘 청년들은 예전보다 고생을 하지 않고 자라서 정신 상태가 나약하고 문제해결력과 돌파력이 약해서라고 말하기도 한다. 한편 다른 시각도 있다. 정부의 경제정책이 지나치게 대기업 위주이고, 근로자보다는 기업 경영자의 편의를 우선으로 생각하기 때문이라고 비판하기도 한다. 하지만 어느 누구도 문제를 정확하고 객관적으로 판단한 건 아닌 듯하다. 여기에는 복합적이고 누적적이며 불가항력적인 여러 원인들이 뒤섞여 있다.

청년들, 가슴이 뛰지 않는다

얼마 전 학생들과 함께 영국 런던엘 다녀왔다. 그곳에서 만난 한 20대 창업가의 이야기가 나뿐만 아니라 학생들에게 큰 울림을 주었다. 그는 한국에서 영국으로 공부하러 온 유학생이었다. 그는 영국에서 공부를 하는 동안 이렇게 유학 와서 공부를 하고 학위를 따면 그런대로 관련 분야에 취업은 할 수 있을 것 같았고, 취업하면 결혼도 하고 아이도 낳고, 그럭저럭 살아갈 수는 있을 것 같다고 생각했다. 그런데 그렇게 생각하니 신이 나지 않았다. 이유는 모르겠는데 가슴이 뛰지 않았다. 그래서 뭔가 재미있는 일,

신나는 일이 없을까를 고민했다. 그러다 한국 학생들이 유학 초기에 영어로 인해 어려움을 겪는 것을 보고 영국식 영어를 가르치기 시작했다. 처음에는 봉사 차원에서 하던 것이 의외로 영국식 영어에 대한 수요가 많다는 것을 알게 되면서 자연스럽게 사업으로 전환되었다. 처음에는 직접 가르치는 방식이었지만 수요자가 많아지면서 원어민 영국인과 한국인을 매칭해서 온라인에서 학습을 하는 시스템을 개발하는 단계로까지 발전했다. 주인공은 바로 BRITCENT 심상보 대표이다.

그는 사업을 시작하고 나서 자신도 몰랐던 큰 사실 하나를 발견하게 되었다고 말했다. 바로 일이 재미가 있어서 하루에 2~3시간을 자도 전혀 피곤하지가 않았다는 것이다. 사람이 좋아하는 일을 하게 되면 그럴 수 있다는 것을 깨달았단다. 공부를 할 때는 조금만 잠을 못자거나 시간에 쫓기면 엄청나게 피곤하고 힘들었는데 말이다. 동시에 왜 자신이 평범한 직장인을 꿈꿀 때 가슴이 뛰지 않았고 그 생활에 대한 기대가 크지 않았는지, 왜 일이 힘들었는지를 드디어 깨달았다고 한다. 창업을 통해 자기 일을 하는 것이 단지 돈을 벌거나 큰 성공을 하기 위해서가 아니라 인생을 즐겁게 살 수 있고 피곤하지 않게 일을 하는 방법이며, 무엇보다 가슴 뛰는 삶을 살 수 있는 방법이라고 그는 말했다.

문제는 바로 이것이다. 가장 심각한 건 지금의 청년세대가 가습이 뛸 정도로 하고 싶은 일을 찾을 수 없다는 데에 있다. 해보고 싶고 도전해 보고 싶은 일을 발견할 수 없는 것이다. 앞으로의 생활에 대한 기대도 없고 비전도 보이지 않는다. 해보고 싶고 도전하고 싶은 욕구도 일어나지 않는다. 스스로 무엇을 좋아하는지 알 수 없으니 당연한 일이다. 적성검사를 하고 부모, 스승, 친구들과 상의도 해봤지만 찾을 수가 없다. 강의를 듣거나 상담을 하면 좋아하는 일, 잘 하는 일, 가슴 뛰는 일을 찾으라고들 말한다. 그런데 찾는 방법은 가르쳐주지 않는다. 그렇게 대학생활이 눈 깜짝할 새에 지나가버린다.

시대가 바뀌었다

어찌됐든 결국 문제는 앞으로 어떻게 할 것인가이다. 대한민국 사회는 제대로 된 대책을 내놓지 못하고 있다. 그저 청년세대에 대한 우려와 지적만을 끊임없이 생산해낼 뿐이다. 정부와 정치권에서는 앞다투어 청년 대책을 쏟아내고 있지만 영양가 없는 선전성 구호에 그치는 것이 대부분이다. 정치권에서 내놓은 일자리를 늘린다는 식의 대책이 얼마나 임시방편적이고 단기적인 처방이었다는 걸 이제는 많은 사람들이 깨달았다. 대기업이나 공기업에서도 인턴이나 비정규직 일자리를 마련해놓고 생색내고 있다는 것도 안다. 단순히 일자리 몇 개 늘리고 젊은이들의 복지를 확대하는 식의 접근은 정치적 표를 의식한 정치행위에 불과하고 청년문제의 근본적 문제해결과는 거리가 멀다. 조심해야 한다.

오늘날 청년 문제에 대해 가장 먼저 생각해야 할 것은 지금은 일자리에 대한 개념과 직업에 대한 프레임이 근본적으로 바뀌었다는 걸 깨닫는 것이다. 따라서 해결책도 과거와는 전혀 다르게 접근해야 한다. 지금은 과거식의 일자리가 더 이상 생기기도 어렵고, 생겨도 로봇이나 인공지능, 신기술로 대체되어 고용이 지속될 수 없는 시대가 되었다. 예전처럼 남의 직장에 취업하여 월급 받고 사는 시대는 저물어가고 있다. 청년들은 앞으로 지금까지는 전혀 볼 수 없었던 직장에서 일하게 될 것이라는 것을 깨달아야 한다.

결국 청년들의 문제는 청년 자신들이 풀어나가야 한다. 지금 청년들이 겪고 있는 답답함과 어려움은 정부가 제대로 해결할 수 없다. IT 혁명과 모바일로 펼쳐지는 글로벌 연결 혁명은 한 나라의 정부가 통제할 수 없는 수준이다. 청년세대 스스로가 변화를 능동적이고 주도적으로 수용하고 세상의 흐름을 자기 것으로 만들겠다는 각오를 다지며 현장으로 뛰쳐나가야 한다. 그것은 누구도 대신해줄 수 없다.

일하고 싶어도 일자리가 없다

01

일자리가 사라지고 있다

경제가 성장하면 일자리가 늘어난다. 상식적으로 보면 그렇다. 그래서 국가경제에 큰 문제가 없는 한 사회에 첫발을 내딛는 청년들에게 부족함 없이 일자리가 제공된다는 것이 일반적인 생각이었다. 그러나 최근의 상황은 다르다. 성장률이 높지는 않지만 어쨌든 경제는 매년 성장하는데도 불구하고 일자리가 늘지 않는 기이한 현상을 보여주고 있다. 이른바 고용 없는 성장(Jobless Growth)이다.

뱀의 입은 갈수록 커진다

1947년부터 60여 년간 미국 경제의 생산성과 일자리 수가 어떻게 변화해 왔는지에 대한 흥미로운 결과가 있다. 시간이 지날수록 두 지수의 간격이 서서히 벌어지고 있는데, 마치 뱀이 입을 벌리고 있는 모양과 같아서 전문가들은 이를 '뱀의 입(The Jaws of the Snake)' 현상이라고 부른다. 미국의 경제학자 제러드 번스테인(Jared Bernstein)에 의해 명명된 뱀의 입 현상은 결국 경제가 성장해도 일자리가 동반해서 같은 추세로 늘지 않는 현상(Decoupling)을 말한다.

이는 비단 미국에서의 현상만은 아니다. 지난 10여 년간 대한민국 2,000여 개 기업의 매출은 2배 정도 성장을 했다. 이에 반해 취업자는 156만 명에서 161만 명으로 겨우 5만 명이 증가했다. 최근 대한민국 경제 성장률이 높지 않다는 데 문제가 있지만 더 큰 문제는 성장하는 경제에 걸맞게 고용이 늘지 않는다는 것이다. 경제성장에 따른 고용창출이 점점 더 어려워지는 이유는 무엇일까? 크게 네 가지 이유를 들 수 있겠다.

첫째, 산업구조의 고도화에 따른 공장 및 설비 자동화다. 예전에는 제품을 만들기 위해서는 일일이 사람의 손을 거쳐야 했다. 하지만 지금은 대부분의 일을 기계가 맡아서 하고 있다. 몇 년 전 대한민국의 대표적 철강업체인 포스코를 방문한 적이 있다. 쇳물을 녹여 철강재를 만들어 내는 공장에서 일하는 근로자는 고작 몇 명에 불과했다. 철광석을 녹여 열연코일을 만들어내는 작업라인이 수십 미터나 됐지만 대부분 자동화되었던 것이다.

둘째, 정보기술(IT)산업에 대한 의존도 확대다. 정보기술산업은 노동집약적 산업이라기보다는 기술·자본집약적 산업이다. 즉 제품을 만들어내기 위해 노동자의 손이 필요하기보다는 최신의 기술이 적용된 고가의 장비들이 필요하다. 산업구조의 고도화 과정에서 설비자동화는 어떤 나라에서건 필연적인 것이지만 IT 산업 비중이 높은 대한민국의 경우 자동화가 더욱 가속화될 수밖에 없었고, 제조업의 고용창출력은 그만큼 빠르게 악화되었던 것이다.

셋째, 국내 기업들의 해외로의 공장 이전이 가속화되고 있다. 특히 고용창출 효과가 큰 단순조립형 공장들은 고임금 등의 이유로 대부분 중국, 인도 등 해외로 이전되고 있다. 이런 현상이 국내 고용에 미치는 피해는 점점 커지고 있다.

넷째, 취업 유발 효과가 높은 서비스업의 성장이 정체되고 있다. 미래학자 제레미 러프킨도 그의 책『노동의 종말(End of Works)』에서 인간은 하이테크의 발달로 노동의 기회를 박탈당할 것이라고 예언한 바 있다. 더구나 지금 활발하게 진행되고 있는 인공지능 기술의 발달과 로봇의 일상화, RFID와 사물인터넷(IoT) 기술의 진전 등으로 고용 없는 성장은 더 가속화될 전망이다.

이러한 현상은 세계의 제조공장이라고 불리는 중국에서도 마찬가지로 일어나고 있다. 인력공급이 풍부하여 임금이 싸고 세계 여러 나라로부터 생산주문을 받는다는 이유로 엄청난 고용창출이 유발될 것으로 예상되었지만, 최근 중국에서도 일자리가 많이 줄어들고 있다. 중국에서도 대부분의 제조시설이 로봇이나 컴퓨터, 인공지능을 지닌 기계로 대체되고 있기 때문이다. 중국 내의 인건비 상승 역시 한 원인으로 지적되고 있다. 노사분규, 각종 산업재해의 발생 등이 연이어 발생하면서 중국의 제조업체 역시 기계로 노동력을 대체하고 있다. 또한 세계 각국에서 중국으로 진출했던 기업들도 중국의 인건비 상승에 따라 생산기지를 베트남이나 인도, 인도네시아 등으로 이전하고 있다. 즉 경제는 성장하지만 일자리가 줄거나 성장하지 않는 현상은 세계적인 흐름이다. 그리고 이러한 현상은 기업의 생산성 향상, 원가절감, 혁신이라는 이름을 앞세워 점점 더 가속화되고 있다.

인공지능이 인력을 대체한다

2016년 3월, 대한민국은 얼굴 없는 바둑선수 '알파고'의 등장으로 큰 충격을 받았다. 얼굴도, 국적도, 물리적 형상도 없었지만, 바둑계의 명인인 이세돌 9단은 알파고에게 4대 1로 패배했다. 아무리 인공지능에, 빅데이터로 무장한 프로그램이라고 하지만 인간의 지성이 아니고서는 결코 대응할 수 없는 바둑 경기에서 일방적으로 승리한 것이다.

일본의 대표적 음식은 초밥이다. 초밥 맛의 핵심은 밥알을 적절히 뭉치는 손맛이다. 그래서 초밥을 만드는 요리사의 손맛이 뛰어날수록 그 가게에 손님들이 몰릴 수밖에 없다. 그런데 최근 일본 초밥업계에 놀랄 일이 생겼다. 요리사 없는 초밥집이 등장한 것이다. 요리사 대신 초밥기계가 초밥을 만든다. 1초에 1개씩, 1시간이면 3,600개의 초밥을 만들 수 있다. 숙련된 사람이 만드는 것보다 5배나 빠른 속도다. 손님들은 테이블에 앉아 자신이 먹고 싶은 음식을 선택해 손가락으로 클릭만 하면 된다. 초밥은 곧바로 나온다. 사람이 만드는 것보다 당연히 값은 싸다. 하지만 중요한 건 맛이 요리사가 만든 것과 큰 차이가 없다는 것이다. 하루 700명의 손님이 오는 이 초밥집에는 요리사 대신 밥에 생선을 얹는 아르바이트생만 있다. 맛에 큰 차이가 없으니 손님들은 더 저렴한 가게를 찾는다. 현재 기계가 초밥을 만드는 초밥집은 일본에 350여 개가 있는 것으로 알려져 있다. 그리고 계속해서 늘어나고 있다.

미국의 한 대학병원에는 약사 없이 운영되는 약국이 있다. 일반적으로 약국은 의사의 처방전에 따라 약사가 약을 제조해준다. 그런데 이곳에서는 의사가 처방전을 컴퓨터에 입력하면 컴퓨터가 처방된 약을 찾아 조제를 한 뒤 환자에게 제공한다. 이 시스템을 도입한 이래 아직까지 단 한 번의 실수도 없었다고 한다. 현재 이 시스템을 시행하고 있는 대학병원은 5곳 정도이지만 앞으로 더 늘어날 전망이다.

　최근 세계 최대의 패스트푸드 업체인 맥도날드가 매장의 직원들, 특히 판매대에서 고객에게 주문을 받는 직원들을 조만간 로봇으로 대체하겠다는 계획을 발표했다. 가뜩이나 패스트푸드에 대한 부정적인 인식이 확산되면서 매출이 침체되고 있는데 매장 직원들의 임금인상 요구가 거세지자 인건비 부담을 이유로 로봇을 도입하기로 한 것이다. 맥도날드의 일부 매장에서는 이미 고객이 직접 전자메뉴판을 이용해 주문을 하고 있다. 만약 이러한 시스템이 자리 잡게 된다면 전 세계에 퍼져 있는 맥도날드 매장에서의 고용 감소는 불가피할 것으로 예상된다.

　현대 자본주의의 가장 대표적인 상징이라고 할 수 있는 곳이 주식시장이다. 이곳에서는 아주 복잡한 절차를 거쳐 주식이 거래된다. 투자자들의 엄청난 돈이 움직이기 때문에 무엇보다도 예민하고 조심스러우면서도 복잡하다. 그런데 이러한 주식 거래가 전문가들이 아닌 컴퓨터에 의해 거래된다면? 미국의 경우 주식의 80% 정도가 사람이 아닌 이미 만들어진 프로그램, 알고리즘에 의해 거래된다고 한다. 금융전문가, 투자전문가가 아니라 컴퓨터에 의해 자동으로 거래된다는 것이다. 로보바이저(Roboviser)라는 용어도 등장했다. 주식시장에 설치된 컴퓨터는 1초에 1,500번 거래를 한다고 알려져 있다. 시장 자료수집 속도뿐만 아니라 정확도 면에서 사람보다 훨씬 뛰어나다고 한다.

전문적이고 고소득직으로 알려져 있는 직업들 역시 기술에 의해 대체되고 있다. 영국 옥스퍼드대학교의 칼 베네딕트(Carl Benedikt Frey), 마이클 오스본(Michael A. Osborne) 교수는 약 700개의 직업을 대상으로 컴퓨터나 로봇에 의해 대체될 가능성이 얼마나 있는가를 분석했다. 이들은 앞으로 20년 안에 현재 일자리의 47%가 기계, 로봇, 컴퓨터에 의해 대체될 것이라고 말했다.

조사에 따르면, 버스, 택시 운전사 등의 일자리는 무인자동차의 등장으로 곧 큰 영향을 받게 될 것으로 예측되었다. 구글에서 시험용으로 나온 무인자동차에는 운전석이 아예 없다. 미국의 경우 이미 5개 주에서는 무인자동차의 운전을 허가했다. 벤츠는 2020년까지 무인트럭을 만들어 화물운송을 자동화 할 계획이라고 밝혔다. 무인자동차는 1초에 1~2기가바이트의 속도로 정보를 처리하므로 사람이 사물을 인지하는 속도보다 빠르게 반응하여 사고의 위험성이 전혀 없다고 한다. 따라서 자동차 보험회사의 일자리도 획기적으로 줄 것으로 예측되었다.

변호사도 그렇게 오래 존속할 자리는 아니라고 한다. 변호사의 가장 큰 업무가 법률, 판례 등의 자료수집과 판단, 전략 수립이라고 한다면, 이러한 일에는 컴퓨터 알고리즘 프로그램이 훨씬 뛰어나기 때문이다. 머지않아 모든 사람이 컴퓨터 프로그램을 이용해 스스로를 충분히 변호할 수 있는 시대가 온다는 것이다.

물류, 운송업종에서의 일자리는 많이 사라지고 있다. 이미 세계 최대의 온라인 판매업체 아마존의 창고에서는 로봇들이 일하고 있다. 사람은 로봇이 가져다주는 제품을 포장만 할 뿐이다. 그러나 포장 일도 로봇에 의해 대체될 것이고 배달도 드론이나 무인자동차로 대체되고 있기 때문에 물류 택배업종에서 사람은 곧 자취를 감추게 될 것 같다.

파일럿도 기계에 의해 대체될 일자리 중 하나다. 1960~70년대까지만 해도 조종석에는 항법사 등 5~6명이 탔다. 지금은 기장과 부기장, 두 사람으로 충분하다. 하지만 이착륙 기능 역시 자동항법장치에 의해 운항이 가능하다. 때문에 빠른 시일 내에 비행기 조종은 한 명으로 대체될 가능성이 높고, 20년 정도 이후에는 비행기 운항의 완전무인화가 가능할 것으로 전망되고 있다. 미국은 이미 무인스텔스기의 항공모함 이착륙 시험을 성공적으로 마친 상태라고 한다. 그리고 공항에서 일하는 사람도 거의 사라질 것이라고 한다. 이미 많은 공항에서는 자동 발권 시스템, 셀프 체크인 시스템을 갖추고 있고, 심지어 여권 체크까지도 기계가 대신하고 있다.

신문기자들의 일 중에 현장 취재를 제외한 스포츠기사 같은 데이터 위주 기사의 경우에는 컴퓨터 알고리즘을 활용해 경기 결과와 내용을 취합해 질 높은 기사를 수백 건씩 뽑아낸다고 한다. 미국 캘리포니아의 지진에 관한 기사를 가장 빠르고 정확하게 썼던 것도 사람이 아닌 컴퓨터 프로그램이었다고 한다.

세금을 계산하고 절약하는 요령 등을 대행하는 세무사도 이미 그 분야의 알고리즘이 개발되어 각자가 자신의 정보만 입력하면 자동으로 계산하고 납부할 수 있다. 번역가의 경우, 지금도 대략적인 내용은 컴퓨터에서 자동으로 번역이 가능하지만, 조만간 사투리나 속어 등에 대한 번역도 가능하도록 알고리즘이 개발 중이다. 물론 번역 속도는 사람과 비교할 수 없이 빠르다.

구글이 선정한 세계 최고의 미래학자 토마스 프레이는 얼마 전 컴퓨터 알고리즘과 로봇의 발전이 불러올 미래의 파급효과를 강조하면서 "2030년까지 전 세계에서 20억 개의 일자리가 사라질 것이다"라고 말했다. 그는 고급직, 전문직, 화이트컬러 일자리부터 기계의 영향을 받을 것이라고 예측했다. 충격적이다. 우리가 현재 하고 있는 일 중에 기계에 의해 대체되지 않을 일이 과연 있을까? 없을 것 같다. 심각한 아이러니이고 딜레마가 아닐 수 없다. 인간이 인간의 복지를 위해 개발한 기계와 로봇, 시스템이 인간의 일자리를 대체하면서 인간을 빈곤하게 만들고 있다. 기술이 인간을 위협하는 시대가 왔다.

평생직장이
없다

한국노동사회연구소가 통계청이 2016년 3월에 실시한 '경제활동인구조사 부가조사'를 분석한 결과 임금노동자 1,923만 명 중 정규직은 1,308만 명, 비정규직은 616만 명이었다. 비정규직 비율이 32%다. 비정규직 숫자는 전년 대비 14만 명이 늘어난 것이지만 전체 임금근로자 대비 비중은 전년과 같은 수치다. 물론 그나마 다행스러운 점은 비정규직 비중이 해가 지날수록 줄어들고 있다는 점이다. 비정규직 비율은 2001년 8월부터 2007년 3월까지 55~56% 수준을 유지하다가 2007년 8월에는 감소세로 돌아서(54.2%) 2014년 3월에는 44.7%로 줄어들었다. 하지만 세계적 기준으로 봤을 때 대한민국에서 비정규직과 정규직 사이의 거리는 여전히 멀다.

정규직이 줄어든다

　기업은 왜 정규직 대신 비정규직 일자리를 만드는 걸까? 우선 가장 큰 원인은 경제 불황으로 인한 고용시장 위축이다. 2000년대 들어 경기순환이 반복되면서 경기불황이 상시화되었고 기업은 언제 불황이 닥칠지 모르는 상황에 내몰리면서 고용을 탄력적으로 운용해야 할 필요를 느끼게 되었다. 경기가 좋을 때는 고용을 많이 할 수 있지만 경기가 불황으로 접어들면 바로 해고를 해야 하는데 이것이 자유롭지 못하면 기업은 망하게 된다. 이른바 노동의 유연성 문제다. 이러한 현실적인 이유로 기업들은 유사시 해고가 상대적으로 쉬운 비정규직을 선호하게 되었다.

　2000년대 IT 버블 이후에도 같은 현상이 제기되었다. IT 관련 제조업의 퇴조로 대규모 감원이 불가피해졌고, 기술주기가 짧고 제품수명도 짧고 고용의 장기성이 불필요하다는 IT 산업의 성격상 미국에서도 정규직보다는 비정규직이 활성화되었다. 앞으로 기업은 급속한 기술의 변화, 국경 없는 글로벌화의 진전, 기업 간 경쟁의 심화 등으로 외부환경에 신속하게 적응해야 하는 것이 무엇보다 중요하다. 기업들이 비정규직을 선호하는 이유는 기업의 운영에 있어서 가장 큰 부분을 차지하는 것이 인건비이기 때문이다. 유사시에 기업이 생존하기 위한 비용감축을 고려할 때 가장 먼저 생각하는 요인 역시 인건비다. 인건비의 탄력성을 확보하는 가장 좋은 방안이 바로 고용의 유연성을 높이는 것이다. 기업 입장에서는 필요할 때 바로 해고할 수 있는 유연성의 확보가 무엇보다 중요한 것이다. 기업의 생존을 위해서는 절대 포기할 수 없는 이슈다.

둘째, 서비스업이 발달하면서 기업들은 업종의 성격상 장기 정규직 고용보다는 단기 비정규직 고용 형태를 선호하게 되었다.

셋째, 최근 기혼 여성들의 사회진출이 늘어난 것도 비정규직이 늘어나는 계기로 지적된다. 가정을 가진 여성들은 아침부터 저녁까지 풀타임 근무가 불가능하고 시간제나 재택근무 등의 변형된 근무 형태가 요구되었다. 오히려 여성들의 입장에서 비정규직 형태를 원하는 상황이 만들어진 것이다.

넷째, 고령층 인구가 취업 전선에 나서면서 비정규직 일자리가 많아졌다. 대한민국도 이미 고령화 사회로 접어들었고, 50~60대 실버세대들은 은퇴 후 직장을 더 찾고 있다. 이들의 경우 비정규직을 더 선호하고, 채용하는 입장에서도 시간제나 단기 계약제 같은 비정규직으로 이들을 고용하기를 원한다.

마지막으로 최근 젊은이들의 성향도 한 원인으로 지적할 수 있겠다. 하루 종일 얽매이는 직장보다는 자신의 시간을 갖는 것을 우선 가치로 생각하는 젊은이들이 늘었다. 이들은 긴 시간을 머무르기보다는 자유롭게 자신의 시간을 활용하면서 다양한 가치를 추구하는 직장을 선호한다. 이들은 일부러 정규직보다는 비정규직을 선택하고 근무시간도 탄력적으로 하며 언제든 자유롭게 직장을 이동한다.

문제는 이러한 비정규직화의 추세가 앞으로 점점 더 확대될 것이라는 점이다. 앞에서 잠깐 살펴본 바에 의하면 비정규직의 숫자는 줄어드는 것처럼 보이지만 산업이나 경제의 큰 추세로 보면 비정규직 비중은 점점 늘 수밖에 없다.

정부에서는 단기적으로 비정규직 일자리를 줄인다고 야단을 피우지만 별 실효성 없는 정치성 구호에 그칠 공산이 크다. 일자리를 만드는 것은 정부가 아니라 기업이다. 기업이 필요로 해야만 정규직을 뽑는 것이다. 정부가 뽑자고 한다고 되는 일이 아니다. 정부가 나서서 일자리를 만든다고 떠들어봐야 공무원이나 공기업의 일자리만 늘어날 뿐이다. 공무원이나 공기업 일자리가 늘어난다는 건 그만큼 국민들의 세금 부담이 커진다는 걸 의미한다. 즉 정부가 일자리를 늘린다고 하는 것은 국민들에게 세금을 더 내라고 하는 것과 마찬가지다. 결국 기업이 일자리를 늘려야 하고 그것도 정규직을 늘려야 하는데, 앞으로 전개될 기업의 전반적인 여건을 예견해 보면 기업의 정규직 일자리 창출은 아주 선택적이고 제한적일 수밖에 없다.

이러한 상황을 종합해보면 앞으로는 평생고용을 보장하는 직장을 찾기가 점점 더 어려워질 전망이다. 평생고용을 최고의 가치로 생각하는 일본도 1990년대 소위 '잃어버린 10년'을 지나면서 대부분의 기업에서 정년까지의 고용을 포기하고 있다.

대기업이 해체된다

청년들이 선호하는 직장 중 하나가 대기업이다. 일자리 수도 많지만 좋은 근무 여건과 처우로 청년들을 유혹한다. 해외근무나 다양한 부서 근무를 통해 자기계발도 역동적으로 할 수 있다. 심지어 '대마불사'라는 말이 있을 정도로 대기업은 그 규모 때문에 망할 수가 없다라고까지 이야기되어 왔다.

하지만 최근에는 대기업도 안정적이지 않다는 인식이 퍼지고 있다. 다음 외국기업들의 이름을 기억하는지? 코닥, 노키아, 에릭슨, 리먼 브라더스, 일론. 국내기업들은 어떤가? 대우, 벽산, 한보, 삼미, 진로, 대농, 기아, 해태, 뉴코아, 쌍용, 동아, 우성, 벽산, 아남, 나산그룹. 제일은행, 조흥은행, 상업은행, 서울은행 같은 금융기업들의 이름도 기억하고 있을 것이다.

앞에 나열한 기업들의 공통점이 있다. 한때는 누구나 선망하는 대기업이었지만 지금은 더 이상 존재하지 않는다는 사실이다. 다른 기업에 합병되거나 아예 사라진 기업들! 특히 코닥은 디지털카메라가 나오기 전까지만 해도 전 세계 필름시장을 주름잡았던 거

대한 공룡기업이었다. 1881년 사진 기술자 조지 이스트먼이 설립
한 코닥은 1970~80년대 미국에서 필름 판매 점유율 90%, 카메
라 판매 점유율 85%를 기록하는 등 필름과 카메라 업계의 최강자
로 군림했었다. 그러나 디지털 카메라가 생산되기 시작하면서 필
름시장에만 안주하다가 2012년 파산신청을 하는 운명이 되어 버
렸다.

노키아는 어떤가? 휴대폰이 대중화되던 시기인 1998년부터 무
려 14년 동안 전 세계 휴대폰 시장 점유율 1위(시장점유율 50%)를
기록해 오던 전설적인 기업이었다. 핀란드 GDP의 40%를 차지해
핀란드의 국가 기업이라고까지 불릴 정도였다. 하지만 애플의 아
이폰을 중심으로 한 스마트폰 열풍이 불었고, 시장 대응을 제대
로 하지 못한 노키아는 2012년 미국의 마이크로소프트에 합병을
당했다.

국내 대기업들의 사정은 어떤가? 앞에서 거론한 기업들도 한때
는 내로라하는 대한민국의 간판 기업들이었다. 하지만 지금은 다
른 기업에 합병되거나 이름은 유지하더라도 주인이 바뀌어 있는
것이 그들의 현실이다. 특히 대우그룹은 1990년대 중반까지만 해
도 우리나라 재계 서열 3위의 대기업그룹이었다. 1996년 말 자산
규모 35조 4,660억 원에 달했던 대우그룹은 '세계경영'을 모토로
전 세계를 누볐던 한국의 대표기업이었다. 그러나 IMF 사태와 과

다한 부채로 인해 그룹이 분해되고 계열사들은 다른 기업들에 의해 합병·인수되었다. 앞에서 거론한 금융기업들도 마찬가지다. 대한민국에서 은행은 취준생들이 가장 선호하는 안정적인 직장이었다. 대한민국의 금융업 초창기부터 존재하던 전통적인 은행들이었지만 지금은 이름마저 잊혀진 지 오래다.

2012년을 기억해야 한다. 그해 131년 역사의 코닥 필름이 파산했다. 한 달 뒤 페이스북은 사진공유 업체인 인스타그램을 1조 원에 인수했다. 코닥의 직원은 14만 5,000명이었고, 인스타그램의 직원은 고작 16명이었다. 또 하나 수수께끼 같은 마법이 있다. 미국에서 월마트(220만 명) 다음으로 직원이 많은 기업은 아마존이다. 아마존의 배송창고에는 23만 명이 일한다. 그런데 아마존이 2012년 7억 7,500만 달러를 쏟아 부어 신생 로봇업체인 키바를 인수한 이후 종업원 수가 늘지 않았다. 대신 배송창고의 키바 운반로봇이 3만 개로 폭증했다. 아마존은 "로봇 덕분에 (지게차가 필요 없어) 같은 공간에 약 50% 더 많은 물건을 저장·분류·포장·운반하고 있다"며 "로봇직원들은 24시간 작업이 가능해 9억 달러 이상의 인건비를 절약했다"고 자랑한다.

세상이 아찔한 속도로 바뀌고 있다. 미국 MIT의 에릭 브린욜프슨과 앤드루 맥아피 교수는 『제2의 기계 시대』에서 "증기기관과

내연기관의 산업혁명이 육체노동을 대신했다면 이제 디지털 기술이 정신노동을 대체하는 제2의 기계 시대가 왔다"고 했다. 『이코노미스트』지는 디지털 분야의 스타트업 기업붐에 대해 "5억 4,200만 년 전 갑자기 수많은 생명체가 출현했던 '캄브리아기 대폭발(Cambrian Explosion)'에 비유된다"고 했다. 이들 신생 기업은 치열한 경쟁 속에 기존의 공룡 대기업들을 물어뜯으며 눈부시게 진화하고 있다. 새로운 생태계의 탄생이다.

비단 정보기술(IT) 분야만 아니다. 미국의 은행들은 신생 핀테크들에게 온 사방에서 정신없이 물어뜯기고 있다. 대출은 간편대출의 렌딩클럽·온덱 등이, 자산관리는 낮은 수수료로 로봇이 소액 자산을 관리해주는 웰스프런트·퍼스널캐피털 등에게 도전받고 있다. (…)

자동차도 마찬가지다. 미국 테슬라나 중국 BYD의 전기차뿐만 아니다. 엔진효율, 자율주행, 배터리, 사고 수리 등 분야마다 수십 개의 스타트업들이 덤벼들고 있다. 작고 혁신적인 벤처들이 거대 기업의 제품이나 서비스를 해체(unbundling)하는 시대가 온 것이다. 세계 최대의 배송업체인 페덱스도 수많은 긱(Gig) 스타트업들에게 물어뜯기고 있다. 우버는 택시뿐 아니라 배송까지 눈독을 들이고, 도어 대시는 음식 배달로 6억 달러의 기업 가치를 일궜으며, 십(Shyp)은 현장을 방문해 포장부터 배송까지 대행하면서 시장을 잠식하고 있다. 굴뚝산업 분야도 마찬가지다. 요즘 미국의 시몬스·설타·씰리 등의 침대 업계는 온라인 스타트업인 캐스퍼 때문에 궁지에 몰려 있다. 캐스퍼는 미국산 고급 매트리스를 강력 압축 기술로 작은 박스에 담아 배송하며 마음에 들지 않으면 100% 환불해 준다. 임대료가 없으니 시중 가격의 3분의 1로 매트리스 시장을 싹쓸이하고 있다.

얼마 전 삼성그룹이 젊고 역동적인 스타트업을 벤치마킹해 기업 문화를 혁신하자는 컬처 선포식을 가졌다. 호칭을 '님'이라 부르고 반바지를 입자는 대목만 도드라져 비웃음을 샀다. 하지만 미국에서 벌어지는 대기업 해체 흐름을 보면 누구나 식은땀을 흘릴 수밖에 없다. 솔직히 인위적인 경제민주화로 이 땅의 재벌들이 해체될 것 같지 않다. 오히려 제2의 기계 시대에 수많은 국내외 스타트업들의 도전에 의해 해체될 가능성이 훨씬 크다.

130년 역사의 코카콜라라는 모든 회의와 보고를 파워포인트 대신 A4 용지 한 장으로 통일했다. 가장 안정적 직장이라던 마스터카드도 20~30대의 젊은 직원 비중을 2010년 10%에서 지난해 38%로 확 끌어올렸다. 생존을 위한 자구책이다. 이미 대량생산 시대는 가고 다품종 소량생산에 적응하지 못하면 어떤 기업도 생존할 수 없는 시대다. 중생대에서 신생대로 접어들면서 재빨리 진화하는

작은 몸집의 포유류만 살아남았고 공룡들은 멸종됐다.[01]

　이러한 상황을 종합해 볼 때 앞으로는 대기업보다 작은 규모의 중소기업이 유리한 시대임을 짐작할 수 있다. 전문 분야별 제품의 혁신은 작은 벤처기업에 의해 주도될 수밖에 없다. 자연스럽게 대기업은 각 분야의 전문 기업을 발굴하여 아웃소싱을 하거나 인수를 선호하게 될 것이기 때문에 기술력과 혁신력을 가진 작은 중소기업들은 많은 비즈니스 기회를 창출할 수 있을 것이다.

　세계적인 인터넷 장비업체 시스코에서 20년간 CEO를 역임한 존 챔버스 회장은 2015년 "인터넷이 '정보의 시대'를 열었고, 모든 기기들이 연결되는 사물인터넷의 등장으로 인해 '디지털 시대'가 시작됐다"고 말했다. 그리고 "향후 25년간 세상은 몰라보게 달라질 것이고, 10년 안에 현존하는 기업의 40%가 사라지게 될 것"이라고 말했다. 그는 일례로 한때 세계 최대의 통신장비 회사로 꼽혔지만 노키아에 합병된 프랑스의 알카텔루슨트와 중국 화웨이에 밀려난 스웨덴 기업 에릭슨을 꼽았다. 챔버스 회장은 "이런 변화가 IT 기업에만 일어날 것이라는 생각은 오산"이라며 "오는 2020년엔 기업의 75%가 디지털화되고 그 가운데 30%만이 성공을 경험하게 될 것"이라고 예측했다.

01　이철호, 〈이철호의 시시각각〉, '재벌은 어떻게 해체될 것인가', 중앙일보, 2016년 7월 25일자.

특히 미래를 예측하는 전문가들은 기술이 급변하고 변화가 극심한 미래에는 덩치 큰 대기업이 훨씬 위험하고 문제가 생길 요소가 많다고 말한다. 그 이유는 일단 변화의 속도가 느리기 때문이다. 구성원과 고려요인이 많아 의사결정과정이 복잡해서 유연하고 빠른 선택이 거의 불가능하다. 중소기업처럼 전문으로 하는 한 가지 일에 집중할 수 없고 신속하게 움직일 수 없기 때문에 급변하는 기술세계에서는 훨씬 불리하다. 앞으로는 기업의 환경과 기술이 급변하면서 기업 스스로도 어떻게 변신해야 할지를 점칠 수 없는 불확실과 일촉즉발의 시대로 접어들 것이다. 대한민국 사람들만큼 대기업이 망할 수 있다는 사실을 실감나게 경험한 나라도 없을 것이다. 대기업이 직장으로서 안정적이지 못하고 우리의 운명을 맡기기엔 얼마나 취약한지를 알아야 한다. 물론 중소기업이나 벤처기업들보다는 단순 수명으로 보면 더 길다고 할 수 있을지 모른다. 하지만 장기적인 직장으로서의 안정성에는 중소기업과 대기업이 별반 차이가 없다.

공무원, 자유롭지 못하다

'대한민국은 공무원 천국'이라는 말이 있다. 공무원은 건국 이후 경제개발 고속성장시대를 지나 최근까지 최고의 직업이었고 출세를 하려면 공무원을 해야만 한다고 할 정도로 초인기 직업이었다. 이러한 풍조는 글로벌과 모바일, 로봇과 IoT 기술이 지배하는 국민소득 3만불을 바라보는 오늘날에도 크게 바뀌지 않고 있다. 지금 대학을 졸업하는 젊은 청년들이 가장 선호하는 직업 중 하나는 여전히 공무원이다.

대한민국 청년들이 왜 그렇게 공무원을 선호하는 걸까? 전통적으로 유교주의와 권위주의 문화가 그 원인으로 지적된다. 대한민국은 공무원이 국가의 일을 하고 막대한 권력을 지니고 있으며 남들 위에 군림하는 자리라는 생각이 뿌리 깊다. 공무원은 안정적인 직업이라는 고정관념도 또 하나의 원인이다. 국가나 지방자치단체가 망하거나 없어질 일은 없으니 불안함 없이 정년까지 다닐 수 있다고 생각한다. 물론 그것은 어느 정도 타당성이 있다. 또 국가를 위해 일하는 것이 의미가 있고 보람을 느끼는 것도 하나의 이유다. 사적인 주체를 위해 일하기보다는 공공, 국가, 사회를 위해 일하는 것이 보람차고 의미가 높은 건 사실이니까.

그러나 공무원에 대한 이러한 인식과 평가는 그동안 많이 바뀌었다. 우선 큰 방향에서 국가의 역할과 공무원의 역할에 변화가 오고 있다. 경제규모가 커질수록 민간의 역할은 커지고 국가의 역할은 상대적으로 작아진다. 대한민국 역시 경제개발 초기에는 국가가 무엇을 생산할지, 어떤 기업을 세울지까지 거의 모든 것을 결정했지만 이제는 민간기업들이 하는 일에 거의 관여할 수 없다. 이러한 추세는 국가 사회가 발전할수록 점점 더 가속화될 것이다.

21세기 대한민국은 정부와 공공정책, 공무원에 대한 신뢰도가 많이 떨어지고 있다. 국가보다는 민간이 변하는 속도가 빠르고 복잡하다. 국민들의 소득수준이 높아지고 개인주의와 자유주의의 경향으로 사회의 복잡함이 증가함에 따라 국가는 이제 국민 개인들의 변화 속도를 따라잡을 수가 없다. 민간사회가 변하는 것을 미리 예측할 수도 없다. 민간에서 발생하는 변화를 수용할 수 없고 대응도 제대로 할 수 없다. 상황이 이렇다 보니 정부나 국가에 대해 국민들이 신뢰하지 못하는 상황이 벌어지는 것이다.

세월호 사건이나 연평도 북한 도발사건, 중동호흡기증후군 사태 등을 겪으면서 정부의 한계와 경직성이 어느 정도인지를 우리나라 국민들은 한눈에 볼 수 있었다. 정부에 대한 국민의 신뢰도는 점점 낮아지고 있다. OECD의『한눈에 보는 정부 2015』보고서에 따르면 2014년 기준 대한민국 정부에 대한 신뢰도는 34%로, 국민 10명 중 약 7명이 정부를 믿지 않는 것으로 나타났다. 이는 OECD 평균 정부 신뢰도 41.8%보다 형편없이 낮은 것이다. 대한민국보다 낮은 건 포르투갈, 이탈리아, 그리스, 스페인 등 재정위기 국가들뿐인 것으로 나타났다.

공무원에 대한 부정적 인식과 한계도 많이 드러나고 있다. 국가에 대한 신뢰도가 추락하면서 공직과 공무원에 대한 평가와 인식 역시 추락하고 있다. 오죽하면 '공무원 같이', '관료들 같이', '공무원 마인드'와 같은 말들이 '무소신/무책임', '복지부동', '탁상행정', '자리보전', '형식주의'와 같은 부정적인 의미로 쓰이겠는가? 과거 공무원이 모범적인 일꾼, 봉사하고 헌신하는 사람들, 오피니언 리더들, 중요 결정자들, 전문가 집단, 개혁의 선봉 등의 이름으로 존경까지 받던 것과 비교하면 엄청난 변화다. 물론 이러한 변화에는 공무원 스스로의 탓도 있지만 민간의 눈높이가 높아지고 민간의 욕구가 상승하면서 국가에 대한 요구수준이 그만큼 높아졌으며, 공무원을 감시하는 민간의 기능이 그만큼 강화된 것도 한 원인으로 지적된다.

사실 공무원의 실상이 많이 왜곡되어 알려져 있기도 하다. 시대가 변하면서 공무원도 이제는 더 이상 안정적인 직업이 아니다. 법적인 정년이야 60세로 되어 있지만 실제 정년을 채우고 나가는 사람은 거의 없다. 대부분 명예퇴직이라는 이름으로 정년 전에 그만두어야 한다. 지금까지 대부분의 공직자는 부처나 직급에 따라 다소 다르지만 50대 초중반이면 그만둘 각오를 하는 것이 현실이다. 물론 다른 민간기업에 비하면 다소 오래 할 수 있는 직업이라고 할 수 있지만, 100세 인생 시대를 가정하면 결코 안정적이라고는 할 수 없다. 공무원 생활을 마치고 나와도 어차피 인생 2모작은 불가피하기 때문이다. 더구나 지금은 정부부처나 조직도 수시로 바뀌고 없어지고 합쳐진다. 대통령이 바뀔 때마다 2~3개씩의 부처가 없어지거나 새로 생기기도 한다. 이런 직업을 어떻게 안정적이라고 말할 수 있을까.

공직이 권력을 행사할 수 있고 힘을 갖기 때문에 매력적이라는 건 시대착오적인 발상이다. 물론 국가의 기능을 수행하는 과정에서 어느 정도의 권한을 행사하는 것은 불가피하다. 하지만 실제로 과거와 같이 국민들을 대상으로 무소불위의 권한을 행사하는 기능이 많이 줄었고, 정부의 민간에 대한 규제나 제도도 많이 완화되었다. 국가의 권한은 국민의 안위나 편익을 위하고 국민의 편에 서서 국민의 눈높이에서 행사되고, 국민을 위해 봉사하는 형식으로 사용되어야 한다. 지금은 공권력으로 국민을 억누를 수 있는 시대가 아니다.

공무원으로 일하는 것은 민간에 비해 상대적으로 자유스럽지 못하다. 국가 업무의 성격상 대외 보안사항이 많고 엄정 중립을 지키면서 추진되어야 하는 일들이 많아서 행동이나 생활에서 제약이 많이 따른다. 또한 공직이라는 성격상 조직 내에서 상하 간 위계질서를 강조하는 경우가 많다. 엄격한 상명하복, 권위주의 문화, 원활하지 못한 의사소통 등으로 조직의 효율성이 낮고 직무 만족도를 저해하는 요인들 역시 많다. 특히 개인의 개성과 자유스러움에 대한 가치가 중요하다고 배워 온 젊은 세대들은 그러한 제약이 답답하고 불만스러울 수밖에 없다.

공직 사회는 일의 성격이나 조직의 분위기도 창의적, 진취적, 경쟁적, 미래 지향적인 것과는 거리가 멀다. 민간기업이나 자유로운 서비스 조직에 비하면 현상유지적이고, 독창성이 아닌 보편성을 추구한다. 새롭고 기발한 아이디어보다는 누구나 이해하기 쉬운 수준의 아이디어를 원한다. 다수의 국민을 대상으로 하기 때문이다.

조직생활을 오래 한 사람들의 공통적인 특징 중 하나는 직장을 퇴직하면 다른 일을 하기가 힘들다는 것이다. 평생 정해진 직장 내에서 주어진 일만 반복적으로 해오면서 다른 일을 시도해보지 않았기 때문이다. 공직자들은 그러한 경향이 더 심하다. 공직의 특성상 현직에 있을 때 해보고 싶은 다양한 일을 마음대로 할 수가 없다. 새로운 것을 추구하면서 진취적으로 자유분방하게 살고자 한다면 공직은 재고해보아야 할 직업이라고 생각한다.

또 공직은 경제적 부를 축적하는 것과는 거리가 먼 직업이다. 당연한 일이다. 국민의 세금으로 월급을 받는 공무원이 민간기업과 같은 수준의 임금을 받기란 힘들다. 물론 공무원이라고 민간기업보다 낮게 받아야 한다는 원칙은 없지만 통상의 임금 수준은 그렇게 이해되는 것이 보통이다. 돈을 벌어서 부자가 되어 보겠다는 생각을 하고 있다면 공직은 피해야 할 직업이다.

경제적 부유함이 중요한 시대가 되었다. 경제적으로 부유해야만 자기를 실현할 수 있고 자신이 하고 싶은 것을 할 수 있기 때문에 과거보다 금전적 부의 가치는 더 중요해졌다. 따라서 미래 자신의 진로를 어떻게 할 것인가를 고민하는 단계라면 공직이 갖는 이러한 특징을 잘 이해해야 한다. 앞으로 인구의 고령화와 사회복지 수요의 증가 등으로 재정이 소요되는 분야는 점점 더 느는데 반해 재원으로 조성해야 할 국민 세금은 그만큼 늘지 않을 것이다. 이대로라면 공무원들의 봉급 인상은 제한적일 수밖에 없을 것이다.

시간이 지날수록 공직자들이 겪어야 할 어려움은 점점 더 커질 것으로 예상된다. 행정 수요 대상인 국민들의 감시와 요구는 점점 더 까다롭고 높아질 것이다. 즉 국가의 고객이 점점 더 고급화되고 많은 것을 요구하는 시대가 된다는 것이다. 공무원에 대한 규범과 윤리의식, 행동규범에는 더 엄격한 기준을 요구하고 대가에는 더 인색할 가능성이 높다. 공무원이 과거에는 존경하는 '나리'로 여겨졌다면 앞으로는 국민들의 어려움을 보살피는 심부름꾼으로 전락할 가능성이 높다. 모든 국민이 감시인이고 상사이자 주인이다. 그런 갑갑한 직장이 세상에 어디 있을까?

공직에 대해 그동안 대한민국 사회에서는 좋은 점만 강조되어 왔다. 더구나 50~60대 이상 세대는 지금 한창 자라나는 청년들과 청소년들에게 맹목적으로 공무원이 되라고 강요해왔다. 대학에서 학생들을 상담할 때 공무원이 되고 싶은 이유에 대해 물으면 부모님이 그렇게 이야기하니까 그렇게 생각하게 되었다고 말하는 학생이 많다. 자신들은 공무원에 대해 생각한 적이 없는데 부모들이 그렇게 하는 것이 최선이라고 강요했다는 것이다. 학생들의 눈높이가 아니라 부모들의 눈높이로 공무원을 직업으로 삼기를 강요하고 있는 꼴이다.

한 가지, 오해는 없었으면 한다. 공직을 너무 폄하하거나 부정적으로 보는 건 아닌가 하고 필자를 비난할 수 있다. 공직은 누군가는 수행해야 하는 직업이다. 국가의 경쟁력이 공무원에 의해 어느 정도 좌우되는 것 또한 사실이다. 청렴하고 능력 있는 공무원, 우수한 공직자는 반드시 필요하다. 다만 여기에서는 젊은이들에게 객관적인 시각을 제공하기 위해 공직에 대해 다소 비판적인 이야기들이 많았다. 대부분의 진로 가이드나 직업 상담에서는 공직에 대해 여전히 긍정적인 이야기만을 반복할 것이다.

그러나 이 시점에서는 우리 모두 좀 더 솔직해질 필요가 있다. 공직이 부모세대나 노량진 공무원 시험학원에서 주장하듯이 그렇게 꿈 같은 파라다이스는 아니라는 것을 누군가는 이해시켜야

하지 않을까 싶다. 그리고 국가적으로도 많은 젊은이들이 공무원
이 되겠다고 도서관을 메운다면 국가 경쟁력에 오히려 손실을 끼
칠 거라는 점을 이야기해야 한다. 젊고 열정적인 젊은이들이 공
무원으로 몰리기보다는 산업생산 현장, 기술개발 현장, 세계시장
에서 발로 뛰는 일을 해야 한다. 그것이 국가적으로뿐만 아니라
개인의 미래를 위해서도 훨씬 생산적이고 도전적이며 경제적으
로 부유해지는 길이기 때문이다.

직장에
비전이
없다

청년들의 우선 희망은 안정적인 일자리를 갖는 것이다. 하지만 힘들게 직장에 들어가면 직장생활에 만족하고 행복해야 하는데 대부분의 직장인들은 그렇지 못하다. 잡코리아에서 조사한 결과를 보면 직장인의 90%가 지금 하고 있는 일에 만족하지 못하고 있다고 했다. 그 이유로는 자신의 적성과 맞지 않아서(29%), 업무가 너무 바빠 개인생활을 못해서(25%), 하는 일에 비해 봉급이 너무 적어서(20%), 승진이 잘 안 되거나(18%) 동료와의 경쟁에서 뒤처지는 경우(8%) 등으로 조사되었다(2014년 자료).

직장인은 행복하지 않다

현재 직장을 다니고 있는 사람들 대부분은 조만간 직장을 옮길 생각을 가지고 있다. 잡코리아에서 국내외 기업에 재직 중인 남녀 직장인 499명을 대상으로 '이직 계획 유무'에 대해 조사한 결과 전체 인원의 76.6%가 '이직을 계획하고 있다'고 답했다. 또 '왜 이직을 원하는가'라는 물음에 '당장 이직할 것은 아니지만 좋은 조건이 있는지 찾는 중'이라는 의견이 37.4%로 가장 높게 나타났다. 다음으로 '낮은 연봉 및 승진 등 조건을 높이기 위해서'가 23.0%로 2위, '근무 중인 회사의 분위기 및 문화와 맞지 않아서'가 14.1%, '현재 회사의 직장 동료 및 상사와의 마찰 때문'이 9.7%, '업무량이 너무 많아서'가 6.8% 등으로 나왔다(2014년 자료).

과거만 해도 '평생직장'이라는 개념이 강했다. 한 번 직장을 잡으면 퇴직할 때까지 묵묵히 일했다. 공채 신입 사원으로 입사해 대리, 과장, 차장, 부장을 거쳐 임원의 '별'을 다는 게 직장인들의 꿈이었다. 하지만 요즘은 다르다. 많은 직장인들이 지금보다 나은 일자리를 찾아 이직을 선택한다. "36세 이전까지 10개 이상의 일자리를 경험하는 게 일상적"이라는 『커리어 코칭』의 저자 마샤 벤치의 말처럼 말이다.

이직하고자 하는 의지는 연령층이 낮고 업무경력이 짧은 직장 초년생들이 더 강한 것으로 나타났는데, 입사 3년 미만의 직장인들 80% 이상이 이직하고 싶다고 답했고, 이어 4~6년차 직장인들은 65.5%, 7~9년차 직장인 72.4%, 10년 이상 직장인 중 71.4%가 이직을 계획하는 것으로 조사됐다. 즉 직장생활 초기에 가장 불만이 많고 불안정한 직장생활을 하고 있는 것으로 나타났다.

15세에서 29세까지의 대한민국 청년층이 첫 직장에 들어갔다가 이직한 경우, 그 사유를 조사한 결과(2014년 통계청/여성가족부) 가장 많은 이유가 근로여건 불만족(45%)이었다. 두 번째가 개인이나 가족적 이유(19%), 계약기간이 끝나서(9%), 전망이 없어서(8%), 전공이나 적성이 맞지 않아서(8%) 등으로 나타났다.

젊은 직장인들의 조기 퇴사는 경기 불황으로 평생직장 개념이 사라지면서 고용 불안이 만성화되고 있고 학력 인플레로 눈이 높아져 고용 현실과 괴리가 발생하기 때문이다. 실제로 기업의 정년이 단축되고 승진 가능성이 낮아지면서 이직을 생존을 위한 선택이라고 받아들이는 이들이 늘고 있다.

대한민국 직장인들은 집에 있는 시간보다 직장에서 근무하는 시간이 더 긴 경우가 많다. 잠자는 시간을 제외하면 가장 많은 시간을 보내는 직장에서의 시간이 행복하지 않다는 건 불행한 일이다. 삶의 대부분을 차지하고 자신의 정체성을 보여주는 직장 생활을 하면서 행복하지 않다는 건 우리의 삶 자체를 돌이켜봐야 하는 아주 심각한 문제다.

그러나 더 심각한 문제는 이러한 문제들이 직장을 옮겨서 다른 직장으로 간다고 해결될 수 있는 것이 아니라는 점이다. 어떤 직장이든 개인이 해결할 수 없는 한계가 존재한다. 다시 말해 현대인들은 지금의 일자리 구조나 직업 체계에서는 본인들이 겪는 어려움에서 벗어날 수 있는 방법이 근본적으로 없다는 것이다.

우리나라에는 외국에서는 찾아볼 수 없는 용어들이 있는데, '불금'과 '황토'가 그중 하나다. '불금'은 '불타는 금요일', '황토'는 '황금 같은 토요일'의 약자다. 직장인들에게 금요일과 토요일은 주말과 일요일을 앞둔, 일주일 중에서 가장 기분 좋은 날들이다. 그러나 월요일을 하루 앞둔 일요일에는 이렇다 할 원인도 없이 불안하고 기분이 좋지 않다. 그래서 도심의 아파트 단지는 일요일 저녁 텔레비전에서 하는 인기 코미디 프로그램이 끝나면 갑자기 적막에 휩싸인다고 한다. 다음 날 출근할 직장인들의 원인 모를 불안감과 스트레스로 인해 아파트 단지가 갑자기 침울해진다는 것이다.

주위를 둘러보라. 자신이 하는 일이나 다니는 직장을 좋게 이야기하는 사람들이 많은가 아니면 그 반대로 이야기하는 사람들이 많은가? 아마도 일이나 직장에 대한 보람이나 행복 같은 긍정적인 면보다는 불평과 불만, 고충과 애로에 대한 하소연이 더 많을 것이다. 도심의 빌딩 주위 음식점이나 술집에서는 직장인들 사이에 흐르는 분위기를 쉽게 간파할 수 있다. 불만과 불평, 갈등과 혼돈이 넘치는, 그야말로 아수라장이다. 그러나 누구 하나 쉽게 직장을 그만두지는 못한다. 경제적 이유 때문이다. 삶은 고역이고 지옥이며, 죽지 못해 산다는 우스갯소리가 남의 이야기만은 아니다.

왜 사람들은 이렇게 살아야 할까? 왜 이렇게 살도록 우리 사회는 구조화되었을까? 다른 방법은 없는 건가? 한 번뿐인 인생이라는데 굳이 왜 이렇게 살아야 할까? 그것도 대부분의 사람들이 말이다.

직장은 내 일이 아니라 남의 일을 하는 곳이다

이러한 불만을 갖게 되는 가장 근본적인 원인은 무엇인가? 자신의 적성과 맞지 않거나 월급이 충분치 않거나 승진이 되지 않거나 비전이 없는 직장의 기본적인 원인은 무엇일까? 그것을 해결하는 것이 결국 현대 직장인들이 행복하지 못하는 문제를 해결하는 단초가 되지 않을까?

직장인들이 직장에서 만족을 얻지 못하는 가장 근본적인 원인은 그 일이 '자신의 일이 아닌 남의 일'이라 여기기 때문이다. 자신의 일이 아니어서 남에 의해 통제 받고, 마음대로 할 수 없고 하기 싫은 일도 해야 하고, 원하는 수준의 대가를 받을 수 없으며, 자신의 비전도 발견할 수 없다. 일은 일이지만, 스스로 기획하고 스스로 통제할 수 없는 일이다. 다시 말해 불만족의 원인은 기존 직장의 구조가 잘못되어서가 아니라 그 일 자체가 자신의 일이 아니어서다.

대부분의 직장인들은 자신이 하고 싶은 일이 아니라 남에 의해 주어진 일을 한다. 그러니 일을 주도적으로 할 수 없고 자발적으로 하기도 어렵다. 게다가 적성이나 의사와 관계없는 일을 매일 하고 있다. 이것이 대한민국 직장인들의 운명이자 애환이다.

120세 인생,
절반은
일 없이 산다

한국인은 평균 81.8세를 사는 것으로 나타났다. 대한민국의 남성 평균 수명이 78.5세, 여성 평균 수명이 85.1세다(2013년 기준). 1970년 남성의 평균수명 58.7세, 여성의 평균수명이 65.6세였던 것을 보면 지난 40여 년간 약 20세 정도 증가한 것이다.

미국, 일본, 중국과 비교하면 1970년에는 4개국 중 기대수명이 가장 짧았지만 1986년에는 69.1세로 중국을 추월하고 2002년에는 77.0세로 미국마저 앞질렀다.

한국인은 평균 53세에 퇴직하는 것으로 나타났다. 2015년 통계청이 발표한 '청년층, 고령층 경제활동인구 부가조사 결과'에서 드러난 수치다. 조사에 따르면 55~79세 고령층이 가장 오래 근무했던 직장에서의 근속기간은 평균 20년 10개월이었다. 이 기간은 점점 더 짧아지고 있는 것으로 나타났다.

이 숫자가 의미하는 건 무엇인가. 간단히 말해 대한민국 사람들은 은퇴 후 일 없이 30여 년을 보내야 한다는 것이다. 더구나 앞으로 수명은 점점 더 길어지고 퇴직 시기는 점점 더 짧아져서 일 없이 보내야 하는 노후 기간은 더 길어질 것으로 예상된다. 미래학자나 생명과학자 등도 공통적으로 10~20년 후에 인간수명은 기본적으로 120세가 될 것이라고 예견한다. 이렇게 되면 지금의 청년세대들은 인생의 절반 이상을 일 없이 지내야 하는 끔찍한 상황을 맞이해야 한다.

대한민국은 자살률이 유난히 높은 것으로도 나타났는데, 그중에서도 노인층의 자살률이 가장 높다. 주된 이유가 노인층의 가난과 고독함, 생활의 무료함 등이라고 한다. 최근 급격하게 늘어난 고령층은 젊었을 때 노후대비를 별도로 할 수 있는 세대가 아니었다. 따라서 지금의 청년세대들은 인생을 계획해야 하는 입장에서 노후에 일이 있어야 한다는 것이 얼마나 중요한지를 미리 인지하고 거기에 맞는 커리어 계획을 세워야 할 것이다.

젊었을 때는 특별한 전문성이나 특기가 없더라도 단순 노무직이라도 해서 벌어먹고 살 수 있지만 나이가 들면 특별한 장기나 전문기술 없이는 할 일을 갖기가 어렵다. 청년들이 지금 부모세대들처럼 인생 설계를 하게 되면 백퍼센트 후회하는 노후를 맞이하게 될 것이다.

고용사회는
끝났다

인류는 태초부터 남의 일을 해주고 그 대가로 먹고사는 것보다는 각자 자신의 일을 하면서 먹고살아왔다. 고대의 수렵채취시대는 말할 것도 없고 농경시대에도 자신의 경작지를 개발해서 식구들이 먹고사는 자급자족의 가족 단위 생활형태(Self Employed Society)가 기본이었다. 그래서 일부 전문가들은 인류는 원래 모두가 창업가(Entrepreneur)였고, 불확실성과 죽음의 위험 속에서 스스로 살길을 개척해온 타고난 모험가, 개척자들이었다고 주장한다.

산업이 발달하면서 고용사회가 생겨났다

그러나 역사적으로 인류의 삶은 자신의 일이 아니라 다른 사람의 일을 해주고 대가를 받아서 사는, 이른바 고용 형태로 어느 순간 바뀌게 된다. 자급자족에서 고용 형태로의 전환은 중세 장원제도와 농노제도가 그 시발로 꼽힌다. 장원의 영주와 귀족의 지배 하에서 일을 하고 생계를 이어가던 사람들의 삶이 바로 고용 형태의 초기 모습이다. 이것이 산업혁명으로 이어지면서 대규모 기업이 생기고 그곳에서 일하는 직원이 본격적으로 양산되기 시작했다. 그리고 대량생산과 분업, 과학적 관리기법이 도입되어 영국과 미국에서 거대기업이 탄생하면서 본격적인 직장, 고용, 월급, 사원 복지 혜택, 연금과 같은 개념들이 생겨났다. 1900년대를 지나면서 미국의 포드자동차와 같은 거대기업이 출현했고, 이러한 사례가 전 산업으로 확산되면서 미국은 본격적인 고용사회(Employee Society)의 시대로 접어들었다.

본격적인 산업 자본주의가 탄생하면서 중산층이라는 새로운 계층이 생겨났다. 미국인의 대부분은 거대기업에 소속된 직장인이었고, 저축보다는 소비를 선호했으며, 이러한 소비는 다시 기업의 이익을 증대시키는 매출로 작용하면서 미국은 건국 이후 최대 호황을 누리게 되었다. 1980년대까지 미국 제조업을 중심으로 호황이 이어졌고, 미국인들에게 이러한 대기업이나 공기업에 취업하는 건 최고의 성공 루트였다.

고용사회가 저물고 있다

하지만 미국에서 이러한 전통적 고용사회의 종말을 예시하는 조짐들이 보이기 시작했다. 1980년대 후반부터 일본의 자동차를 비롯한 아시아 기업들이 미국으로 진출하면서 미국의 전통적인 제조업이 흔들리기 시작한다. 이어서 중국이 저가 생활용품을 본격적으로 수출하면서 미국 제조업은 위기를 맞는다. 이후 미국 산업의 상징인 GM이 파산을 선언하고 수많은 미국 기업이 외국 기업에 합병되거나 사라졌다.

.1990년대 말부터 등장한 인터넷과 IT, 모바일 기술은 미국의 또 다른 전통산업을 붕괴로 이끈다. 페이스북이나 구글, 애플과 같은 새로운 기업들이 전통산업을 대체하면서 미국 산업의 지형은 크게 바뀌었고, 월마트와 같은 대형 유통망 기업이 등장해 전통 제조업은 설 자리마저 잃었다. 그전까지는 제조업이 '킹 오브 킹'이었다. 제조기업에서 만들지 않으면 유통업계에서는 판매를 할 수 없었다.

그러나 21세기에는 상황이 바뀌었다. 제조업이 번창하면서 생산과잉현상이 발생했고, 유통망이 대형화되면서 오히려 유통망이 제조업의 공급량을 조절하는 역전현상이 일어났다. 상품을 제조하는 제조업체에서 대형 유통망의 눈치를 보며 가격을 맞추어야 하는, 말하자면 유통업 주도의 시대가 된 것이다. 그러면서 미국의 전통 제조업은 월마트나 주요 백화점이 주도하는 방향대로 가격을 낮추고 저가에 납품을 하게 되었고, 이윤은 당연하게도 점차적으로 줄어들기 시작했다.

이러한 연유로 미국을 대표하는 전통적 기업들이 평생 고용을 줄여나갈 수밖에 없게 되었고, 대부분의 미국 기업들이 고용의 유연성이라는 이름으로 직원 해고를 쉽게 하기 시작했다. 복지와 연금혜택이 우수하다는 기업부터 문제가 생기기 시작했고 앞다투어 고용제도와 연금혜택을 줄이기 시작했다. 최근 실업률은 미국 최고의 정책 아젠다가 되었다.

대한민국의 고용사회도 저물고 있다

대한민국도 상황은 비슷하다. 우리 조상들은 전통적으로 농업이나 상업, 아니면 전문적인 일을 하면서 자신들의 생활을 영위해 왔다. 일부 대규모 부자 농가에 고용되어 일을 해주며 먹고 살았던 '머슴' 외에는 말이다. 그러다가 1900년대 일제 강점기부터 가게, 상회 등의 이름으로 기업이라는 것이 생겨났고 사람들은 고용되기 시작했다.

본격적인 고용사회가 등장한 것은 1960년대 이후 고도 경제성장기에 접어들면서 정부 주도의 경제개발 계획을 수립하고 추진하면서부터다. 지금의 현대, 삼성 그룹이 태동하면서 중화학공업이 육성되었고 이와 맞물려서 많은 기업이 설립되고 수출주도형 산업이 성장하면서 대규모 고용이 일어났다. 많은 인구가 취업을 위해 농촌으로부터 대도시로 이주했다. 한 사람이 도시의 기업에 취업하면 농촌에 있는 한 가족을 먹여 살린다는 말이 나올 정도로 대기업은 꿈의 직장이었다. 산업발전의 초기 단계였기 때문에 연평균 경제성장률이 8~9%를 상회했다. 덕분에 사람이 없어서 고용을 못할 정도로 일자리가 넘쳐났다. 학력이나 집안 내력 등도 상관없었다. 남녀노소 누구나 도시로, 공장으로 몰려나오던 시절이었다. 직장은 삶의 전부였고 이러한 경향은 한국인의 삶을 통째로 흔들어 놓았다. 지갑이 두둑해졌고 가난이 해결되었고 열심히 일만 하면 누구나 남부럽지 않는 아파트에 살 수 있고, 누구나 자동차를 굴릴 수 있었다.

대부분의 한국인들은 남의 직장에서 일하면서 살아왔고 지금도 그렇게 살고 있으며 앞으로도 그렇게 사는 길 외에는 특별한 길이 없다고 생각한다.

그러나 유감스럽게도 미국에서 벌어진 비극적인 현상이 대한민국에서도 그대로 나타나고 있다. 대기업이나 공기업 등 고용을 많이 하는 곳에 미국에서와 비슷한 현상이 나타나면서 과거와 같은 평생고용, 정규직 일자리, 은퇴연금, 복지혜택과 같은 제도들이 서서히 사라져가고 있다. 결정적으로 1997년 IMF 사태를 계기로 우리나라의 대기업과 전통산업은 새로운 변곡점을 맞이하게 된다. 많은 대기업이 사라졌고 과도한 부채로 사업을 무분별하게 확장해오던 전통 제조업이 철퇴를 맞게 된다. 새로운 신기술이 등장해 제조업의 지형을 흔들고 신생기업들의 약진이 두드러지면서 고용의 형태나 조건도 과거와는 비교가 안 될 정도로 달라졌다. 기존의 일자리는 계속 없어지고 있고 낯선 일자리가 빠르게 등장하고 있다. 경제는 낮게나마 성장을 하지만 일자리는 늘어나지 않는다.

대기업이나 공기업 등 과거 대규모 채용을 하던 직장에 의존해서 살던 시대가 지나가고 있다. 더 이상 그런 곳에 삶을 송두리째 맡길 수가 없게 되었다. 우리 모두를 단기간에 기적에 가까운 속도로 선진국 대열에 데려다준 한국의 고용사회는 저물어가고 있는 것이다.

스스로 자기 일하는 원시시대로 회귀한다

새로운 형태의 노동 흐름이 오고 있다. 다름 아닌 자영업 시대로의 회귀다. 대기업도 이제는 영원할 수 없으며 과거의 고용사회에서 행했던 복지제도나 고용 형태를 유지할 수도 없다. 이제는 자신만의 창의적인 아이디어나 실력으로 개인 스스로가 자신의 일을 개척하고 만드는 시대가 되었다. 과거와 같이 남의 직장에 취업을 해서 노동을 제공하고 그 대가로 월급을 받는 것이 아니라 내가 내 일을 만들어 사는 시대가 되었다.

다행히도 지금은 과거보다 개인으로서 일을 만들고 사업을 하기에 아주 유리한 환경이 구축되어 있다. IT 기술이나 모바일의 등장으로 창업비용이 현저하게 줄어들었고, 혼자서도 얼마든지 아이템을 만들고 홍보하고 판매할 수 있는 개인 생산의 시대가 되었다. 누구나 손쉽게 제조업을 할 수 있는 시대(Makers Society)이자, 유튜브나 인터넷, SNS를 통해서 공짜로 사업을 할 수 있는 시대(Free Society)가 되었다. 다가오는 시대의 메커니즘을 미리 읽고 열정과 창의성만 갖춘다면 과거의 고용사회보다 훨씬 더 많은 기회와 자유를 누릴 수 있는 시대인 것이다. 앞으로는 고용의 시대가 아니라 자영업/창업의 시대가 될 것이다. 인류역사의 순환주기처럼, 우리는 스스로 일하는 원시시대로 회귀하고 있다.

부모세대들의 혼란에서 배우다

한국인들이 어릴 때부터 부모로부터 가장 많이 듣는 말이 무엇일까? 아마 "공부 열심히 해라"라는 말이 아닐까? 그래야 좋은 대학에 가고, 좋은 직장에 들어갈 수 있고, 출세할 수 있었으니까. 여기에서 좋은 직장이란 판검사나 공무원, 의사나 변호사, 누구나 알아주는 대기업, 공기업 등 안정되고 처우가 남다른 직장을 말한다. 더 쉽게 말하면 누구나 알아주는 유명한 직장, 권력이 있는 기관, 오랫동안 해고되지 않고 다닐 수 있는 직장, 월급을 많이 주는 직장, 남에게 아쉬운 소리 하지 않고 다닐 수 있는 갑의 위치에 있는 직장 등이다. 그래서 우리 모두는 공부를 잘하기 위해 청춘을 불태웠고, 좋은 대학에 가기 위해 고군분투했다. 그리고 나름대로 좋은 직장에 들어갔고, 그것이 인생의 전부인 줄 알고 열심히 직장생활을 했다. 승진도 하고 집도 갖고 차도 갖게 되면서 소위 말하는 중산층이 되었다.

그런데 문제가 하나 생겼다. 퇴직을 해야 하는 나이가 되었다. 몇 년 전 선배들이 퇴직하던 나이보다 훨씬 이른 나이에 퇴직을 해야 하는 처지다. 나는 아직 청춘인데, 게다가 아이들이 학교를 다니고 있어서 아직 퇴직해서는 안 되는 형편이지만, 직장 내에서는 후배들을 위해 용퇴를 해야 하는 상황이다. 퇴직을 하면 할 수 있는 일이 거의 없다는 것을 그때서야 알게 된다. 그전까지는 내가 가진 직장 내의 파워나 권위, 영향력을 생각하면 직장을 그만두고 할 일이 많을 것 같았는데, 막상 나가려고 하니 그렇지 않다. 지금까지 내가 알고 있는 사람들과의 관계만 지속해도 무슨 일이든 할 수 있을 것 같았는데, 막상 일을 저지르려니 예전 같이 선뜻 나서서 도와주는 사람이 없다.

40~50대 잘나가던 유명 직장인들이 맞이하는 은퇴 절벽인 것

이다. 이처럼 잘나가던 사람들일수록 피부로 느끼는 격세지감의 정도는 더 클 수밖에 없다.

나이가 들어 학교 동창회를 나가보면 그동안에는 잘 볼 수 없었던 친구들이 동기회 회장, 부회장 등 운영진을 맡아서 하는 경우가 많다. 젊은 시절 동기회 결성 초기에는 대부분 공무원이나 대기업 등 이름만 대면 누구나 아는 직장에 다니는 친구들이 회장을 하는 경우가 대부분이었다. 그러나 40~50대가 되면 이러한 직장인보다는 부동산이나 자영업 등을 하는 친구들이 회장을 하는 경우가 많다. 왜냐하면 직장인들은 대부분 그 나이가 되면 일선에서 물러나거나 퇴직하는데, 자영업이나 사업을 하는 친구들은 반대로 그 나이 때가 한창 전성기이기 때문이다. 이들은 인생 초반에 사업을 시작하고 구축하느라 수면 아래에 몸을 숨기지만 후반에 사업을 일구어서 성과가 나면서 존재감을 드러낸다.

공부를 열심히 하고 좋은 성적을 냈고 그 결과로 좋은 직장을 들어갔던 학교 우등생들이 인생 후반에 예상치 못했던 문제에 직면한다. 좋은 직장에 들어가는 것만이 인생의 전부가 아니라는 것을 뒤늦게 깨닫게 된다. 자신들은 큰 잘못 없이 잘살아왔다고 생각했는데 뒤늦게 무엇인가 잘못된 것 같다는 생각을 떨쳐버릴 수가 없다. 학교 공부만 잘하면 좋은 직장을 얻고 빨리 승진하여 권력도 잡고 부자도 될 수 있다는 방정식은 깨진 것 같다. 세상을 살아보니 세상의 성공 여부는 반드시 학교 성적에 의해 가려지지 않는다는 것도 깨달았다.

이처럼 사회적인 성공이 학교 성적순이 아니라는 건 이미 입증됐다. 학교 성적이 우수하지 못하고 적응을 잘 하지 못했던 사람들이 오히려 도전하고 저지르고 실패하면서 사회에서 더 큰 성공을 거둔 경우가 부지기수다. 반대로 성적 우수자들이 조직에서 더 이기적이고 비협조적이며, 새로운 것에 도전하는 것을 기피하고 안정을 추구하는 경향이 있는 것으로 알려져 있다.

기술이 발전하고 인간의 수명이 길어지면서 기존의 직장 개념도 급격히 바뀌고 있다. 지금까지는 첫 직장을 얻어 정년까지 근무하고 퇴직금을 받아 그것으로 아껴 쓰면 그런 대로 노후는 지낼 수 있었다. 그러나 지금은 퇴직하고도 40~50년을 더 살아야 하는 120세 시대다. 정년까지 아무 탈 없이 근무했더라도 퇴직 후 새로운 문제가 생길 수밖에 없다. 즉 1모작으로 끝나는 삶이 아니라 2모작, 3모작을 해야 하는 시대인 것이다. 이제는 인생 계획을 짤 때 80~90세까지 일할 수 있는 직업을 가지도록 준비해야 한다. 1모작에서 아무리 성공을 했더라도 120세까지 먹고 살 경제적 부를 축적해 두지 못하면 안정된 노후를 보낼 수 없을 것이다.

『부자 아빠 가난한 아빠』를 쓴 로버트 기요사키는 그의 책에서

이 문제를 아주 설득력 있고 심도 있게 다루었다. 학교에 다닐 때부터 공부를 잘해 안정된 직장에서 월급쟁이를 하는 아빠는 누구보다 근면성실하게 일했고 승진도 빨리 하면서 직장에서 능력 있는 사람으로 인정받았지만, 노년에 가난한 아빠로 전락한다. 반면에 학교 공부는 잘하지 못하고 남들이 알아주는 직장에 다니지는 않았지만 경제적 부를 일구기 위해 준비를 차근차근 해온 아빠는 노년이 되면서 더 자유스럽고 풍요로운 삶을 산다.

즉 안정된 직장에서 정해진 월급을 정해진 날짜에 받으면서 승진도 하고 발전도 이루면서 평생을 안정되게 보내는 봉급쟁이 아버지가 최고인 것 같지만 퇴직하는 순간, 할 일이 없고 고정된 수입이 없어지면서 가난해지기 시작한다는 것이다. 반대로 겉으로 보기에는 안정된 수입이 없고 미래도 보장되지 않는 것 같지만 자기 사업을 하거나 투자를 하여 출근하며 일하지 않더라도 일정 수입이 들어오도록 평생 수입체계를 만들어 놓으면 노후를 걱정할 필요없이 경제적 부와 자유를 누릴 수 있다는 것이다.

미국 학생들은 한국 학생들과 달리 대기업이나 공무원과 같은 큰 조직보다는 창업이나 투자업, 컨설팅업 등 개인의 능력과 노력을 바탕으로 살아가는 업종을 선호한다고 한다.

젊을 때는 큰 조직에 가서 한 알의 모래로 존재하면서 위에서 지시하는 일을 수동적으로 하며 시간을 낭비하기보다는 불확실한 일이더라도 인생 후반을 위한 축적이나 자신만의 미래 업을 개척하는 것이 좋다. 단지 눈에 보이는 안락과 평안만을 추구하다가 퇴직 후에 가난해지지 않으려면 도전하고 일구며 나만의 업으로 성취와 행복을 만끽하는 인생을 만들어야 할 것이다.

개인으로 살아가는 Meconomy 시대가 왔다

02

개인이
주체가 되는
제2의 르네상스 시대

산업기술이 발달하고 사회가 변화하면서 우리의 일상도 많이 달라지고 있다. 필자 역시 온몸으로 체감하고 있는 것이 하나 있는데, 바로 대학 교수와 학생 간의 위상 변화다. 필자가 대학을 다닐 때만 해도 교수라는 분들은 상당히 권위 있고 쉽게 접근하기 어려운 존재였다. 그러나 요즘에는 교수의 권위나 위상이 옛날과 비교할 수 없을 정도로 낮아졌다. 원인이야 여러 가지가 있겠지만 무엇보다도 이른바 '지식 정보 접근력'의 변화가 가장 근원적인 원인일 것이다. 예전에 학생들은 가르치는 것만 배우고 가르치지 않는 것에 대해서는 배울 필요가 없었는데, 이제는 가르치지 않았는데도 학생들은 많은 걸 알고 있다.

인터넷을 통해 정보접근이 무제한으로 넓어졌다. 지식 정보에 대한 편중화가 많이 사라졌고, 학생과 교수와의 역학관계도 많이 변했다. 기존 권위의 파괴라 할 수 있겠다.

대표적인 국가 권력기관인 국정원이나 검찰, 경찰, 국세청 등도 비슷한 위상의 변화를 겪고 있다. 이들은 불과 20여 년 전만 하더라도 그야말로 무소불위의 권력기관들이었다. 그들의 결정이 곧 국가의 결정이었고 그들이 가진 정보는 거의 독점적인 것이었다. 누구도 이의를 제기할 수 없었다.

그러나 지금은 그렇지가 않다. 권력기관들의 내부정보까지 일반인들이 아는 시대가 되었다. 모든 국민들이 그들의 일거수일투족을 감시하고 있어서 자신들만의 정보를 통제할 수도 없다. 국가기관들마저도 국민들의 귀와 눈을 속일 수 없는 시대인 것이다. 언론도, 법조계도, 국회도, 정당도, 종교기관도 마찬가지다. 자기들만의 정보로 자기들끼리 결정하던 시대는 갔다. 한마디로 탈권위의 시대다. 갑(甲)의 시대가 가고 을(乙)의 시대가 온 것이다. 권위의 중심이 개인들에게로 이전되고 있다.

과거 사람들은 권력기관의 권위를 인정하고 따르는 경향이 강했지만 이제는 달라지고 있다. 자신의 신념과 가치체계를 믿고 스스로 결정하고 그 결정에 대해 스스로 책임지는 성향이 강해지고 있다. 사람들은 자신의 개성을 중시하게 되었고, 외부의 권위보다는 자신 내면의 주체성과 자유로움, 개성을 더 중시하는 경향을 보이고 있다. 덴마크 출신의 대표적 미래학자인 롤프 옌센은 그의 책『르네상스 소사이어티』에서 이러한 개인화의 현상을 "제2의 르네상스"라고 표현했다. 15세기 이탈리아를 중심으로 펼쳐졌던 중세의 신 중심에서 인간 중심으로의 이동을 주창했던 제1의 르네상스에 비유하여 두 번째로 사람들이 자신들의 개성과 권리를 되찾는다는 의미다. 이렇듯 최근에는 조직/기관 중심에서 개인 중심으로 힘이 이동하고 있다.

국가의 시대는 가고 시민의 시대가 온다

국가와 기득권자의 권위가 줄고 개인의 권위가 커지고 있다. 이 지구상의 수많은 사람들이 삶의 공간을 확보하고 생존하기 위해서, 더 나아가 성공의 열망을 위해서 바쁘게 움직이고 있다. 또한 그들에게는 인터넷과 통신이라는 도구가 아주 저렴한 가격에 제공되고 있다. 이런 상황에서 더 이상 기업과 국가나 어떤 공동체도 자신들의 규범과 이데올로기를 강요할 수 없다. 개인의 선택이 중요해지고 있으며, 그들은 인터넷이나 소셜 네트워크로 거미줄처럼 문화를 공유하고 공감대를 형성해 간다.

문화 스페셜리스트 김지룡 씨의 표현처럼 지금은 개인이 국가를 선택하는 시대다. 안전이 보장되고, 세금을 적게 내고, 자녀를 좋은 환경에서 교육할 수 있고, 인간다운 삶을 영위할 수 있고, 자신의 능력을 발휘할 가능성이 높은 국가를 선호한다. 각 개인의 가치관과 인생 계획이 국가의 어젠다보다 우선한다. 대한민국에만 존재하는 일명 '기러기 아빠'의 현실은 국가가 교육서비스에 실패했음을 여실히 입증하는 사례다. 더욱 좋은 서비스를 제공하는 국가로 사람들은 자유롭게 움직이고 있다. 좋은 교육을 받으러 조국을 과감히 떠나는 것이다.

사회 전반적으로 수직적 권위와 위계질서가 사라지면서 수많은 개인들의 수평무대가 되고 있다. 수직이 아니라 평평하고 동등한 수평의 사회로 변하고 있다. 개인들의 정보접근과 정보유통이 자유스러워졌고, 자기 개성 추구 경향이 강해졌으며, 국가 간 이동이 자유로워졌다. 마음만 먹으면 누구나 무엇이든지 할 수 있는 시대가 되었다. 정보접근이 용이하고 자신들을 홍보하거나 알릴 수 있는 수단이 다양해져 관심과 열정만 있으면 불가능한 것이 거의 없을 정도로 여건은 갖추어졌다.

이러한 현상과 관련하여 사회학자들은 이제는 "국가의 시대(Statism)는 가고 시민의 시대(Citizenship)가 왔다"고 주장한다. 국가가 모든 것을 결정하고 배분하던 시대는 지나가고 국민들 스스로 판단하고 운명을 결정하고 책임지는 시대이다. 경제발전 초기에는 불가피하게 국가가 모든 것을 해야 했지만 이제는 국가가 그렇게 할 전문성도 없거니와 효율성도 민간보다 떨어지기 때문이다.

대한민국의 경우도 마찬가지다. 세월호 사태나 중동호흡기증후군(MERS) 사태는 정부의 무능을 보여주는 대표적인 사례다. 개인적으로 이러한 현상은 앞으로 더 자주 발생되리라 생각한다. 사회는 점점 더 복잡하고 예측을 불허하게 변화하는데 정부는 그러한 변화를 따라갈 수 없다. 이제는 자신의 운명이나 미래를 정부에 맡기기보다는 개인이 스스로 결정하고 책임지는, 그래서 각자가 주체가 되는 시민 중심의 사회이다.

힘없고 나약한 개인들이 기존의 권력기관을 대신해 사회의 주인공이 될 수 있는 데에는 모바일과 SNS의 발달과 3D 프린트의 상용화와 같은 ICT 기술의 발전이 결정적인 역할을 하고 있다. 누구나 전문가 수준의 정보를 언제든지 접할 수 있고 과거에 막대한 자금력 없이는 불가능했던 개인 홍보나 광고도 이제는 거의 무료로, 그것도 전 세계적으로 쉽게 할 수 있다. 개인이 음반회사를 거치지 않고 직접 음반을 낼 수 있고, 출판사를 거치지 않고도 쉽게 책을 낼 수 있으며, 조직에 속하지 않아도 인터넷이나 모바일로 자신들의 문제나 고민을 불특정 다수의 네티즌들로부터 공모하는 것도 가능해졌다,

조직의 시대가 가고 개개인들의 자유로움과 독립성을 강조하는 개인화의 시대가 오고 있다. 우리 자신이 주인공이 되고 우리 자신이 주체가 되는 제2의 르네상스다. 독립된 개인들이 사회변

혁의 주체가 되고 경제활동의 당사자가 된다. 개인으로서 나는 어떤 조직의 종업원이 아니라 개별 독립 사업자로서 어떻게, 무엇을 하면서 살아갈 것인가? 지금부터 고민하고 미리 설계하고 준비하여 새 시대를 우리의 시대로 만들어야 할 것이다.

직장인이 아닌
기업가로
사는 시대

사람들은 보통 처음 만나는 사람에게 자신을 소개할 때 명함을 건네면서 "저는 어디에 근무하는 누구라고 합니다"라고 한다. 아니면 아는 사람끼리도 오랜만에 만나면 "요즘 뭐하고 지내?"라고 물으면 "00회사에 다니고 있어"라고 답한다. 무심코 하는 이런 말 속에서 중요한 사실을 발견할 수 있다. 자신이 실제 하고 있는 일이 아니라 자신이 속한 조직을 우선적으로 소개한다는 것이다. 이 말에는 개인이 아니라 개인이 속한 조직이 더 중요하다는 의미가 담겨 있다.

이 경우 만약 속했던 조직을 벗어나게 되면 그 개인은 아무것도 아닌 존재가 되어버린다. 왜냐하면 조직과 아무 관계가 없기 때문에 그 속에 존재했던 개인은 아무런 가치가 없어지는 것이다. 다르게 소개할 방법도 없다. 개인이 속한 조직이 없기 때문에 개인도 없다. 즉 개인은 독립적인 것으로 존재하지 못하고 반드시 어떤 조직에 속한 구성원으로서만 의미가 있다.

이것이 소위 말하는 '조직형 인간(Organization Man)'이다. 찰스 핸디는 『코끼리와 벼룩』에서 이러한 유형의 인간을 '코끼리형 인간'이라고 했다. 인간은 어떤 조직에 속해 있느냐로 평가받고 어떤 조직의 구성원으로서 가치를 인정받는다. 달리 말하면 가지고 다니는 명함으로 평가받고 직함으로 기억된다. 그래서 우리는 좋은 조직, 힘 있는 조직, 안정된 조직에 취업하려고 수단과 방법을 가리지 않는다. 학교에서 공부를 열심히 하는 이유도, 좋은 대학을 가야 하는 이유도, 죽을 각오로 준비하고 학원을 다니는 이유도 모두 좋은 조직에 속하기 위해서다. 어떤 조직에 속하느냐가 인생의 승패를 결정짓기 때문이다.

그런데 이러한 흐름에 문제가 생기기 시작했다. 앞에서 살펴보았듯이 기존 조직에 문제가 생기기 시작하고 평생직장으로서의 조직이 제 역할을 다하지 못하는 상황이 전개되고 있어서다. 가장 안정적이라는 대기업에 문제가 많고, 공무원도 이제는 더 이상 피난처가 되지 못한다. 더구나 글로벌 무한경쟁 시대가 시작되면서 기업과 조직의 수명이 짧아졌고, 불안정성이 높아지면서 개인들의 조직에 대한 신뢰가 사라졌다.

인터넷과 SNS 사용이 본격화되고 글로벌 무한경쟁의 가속화

로 인해 기업 간 경쟁이 심해지면서 가격인하 경쟁과 과잉공급문
제로 기업들은 당장의 생존 문제를 걱정하게 되었다. 큰 기업일수
록 생존을 위해 다운사이징과 아웃소싱을 추진하지 않을 수 없
다. 대기업일수록 조직을 작은 단위로 쪼개지 않을 수 없다. 그리
고 꼭 필요한 핵심기능과 핵심인력만 기업 내부에 남기고 나머지
는 하청을 주거나 외부 비상근 인력에 맡기는 형태로 일하는 방
식을 바꾸고 있다.

여기에서 새로 등장하는 고용의 형태, 노동의 방식이 있다. 어
느 특정 조직에 속해 있기보다는 자신만의 일을 가지고 독립적으
로 살아가는 방식이다. 어떤 특정 조직에는 속해 있지 않지만 자
신만의 일을 가지고 여러 사람(조직)을 고객으로 거느리면서 일을
한다. 자신을 소개할 때도 어디에 속해 있는가가 아니라 자신이
하고 있는 일을 구체적으로 소개한다. 찰스 핸디는 이런 사람을
'벼룩형 인간'이라고 했다. 작은 벼룩이 남들의 눈에는 잘 띄지 않
지만 자신의 의지대로 마음대로 자유롭게 뛰어다니는 모습을 비
유한 것이다. 다니엘 핑크도 그의 책『프리에이전트의 시대』에서
이러한 유형의 사람을 '프리에이전트', '프리랜스'라고 명명했다. 실
력만 있으면 상응한 대가를 받고 어디든지 갈 수 있는 자유로운
개인들이다.

이러한 벼룩형 인간은 크게 개인이 혼자서 일하는 독립 자영업

자, 여러 조직을 대상으로 일하는 임시직 노동자 그리고 소형 사업체를 운영하는 중소기업가로 나눌 수 있다. 이런 형태로 일하는 사람들이 이미 미국이나 영국의 경우 경제활동인구의 절반을 넘었다고 한다. 다니엘 핑크는 포춘 500대 기업에서 일하는 월급쟁이는 전체 경제활동인구의 10%가 안 된다고 했다. 이미 미국 경제활동인구의 절반을 넘는 사람들이 남의 직장에서 일하면서 월급을 받는 것이 아니라 개인으로 또는 소형 사업체를 운영하면서 벼룩형 인간으로, 프리에이전트로 살아가고 있다는 것이다.

영국의 경우 이러한 형태의 노동 방식으로 살아가는 사람들이 60%를 넘어 70%에 육박한다고 한다. 이들은 지식 기반 자영업자, 재택 사업체 소유자, 임시직과 계약직, 프리랜서와 e-랜서, 독립 계약자와 독립 전문가, 초소형 사업가와 소자본 재택 사업가들, 파트타임 상담직, 임시 경영인, 분쟁조정자 그리고 풀타임 단독업자 등의 형태로 일하고 있다. 이들은 하는 일을 중시하고, 일하는 장소가 정해져 있지 않으며, 일하는 시간 또한 정해져 있지 않다. 옮겨 다니면서 일하고 일이 있을 때만 모여서 일하는 까닭에 '할리우드식' 노동 방식이라고도 한다.

이러한 추세는 대기업 업무의 아웃소싱 본격화, 정부 기능의 민간 이전 활성화, 개인이 독립적으로 일하는 데 필요한 다양한 업무 보조 기술의 발달(인터넷, SNS, 모바일, 로봇, IoT 기술 등), 간단한 소규모 창업붐 등으로 더욱 가속화되고 있다. 과거와 같이 독립 자영업을 하거나 사업체를 설립하는 데 많은 자금이 필요하지 않고, 개인의 홍보와 정보 수집도 원활하기 때문에 이러한 벼룩형 인간의 증가는 점점 더 가속화될 전망이다. 따라서 취업난에 시달리는 청년들은 새로운 노동 형태인 벼룩형 인간을 지향하여 프리에이전트로 살아갈 수 있도록 인생 방향을 가능한 빨리 결정해야 할 것이다. 기존 기업과 조직은 이미 우리의 인생을 책임질 생명력을 상실했다. 이제 믿을 것은 자신밖에 없다.

대학을 갓 졸업하면 다양한 경험과 인맥, 지식을 습득하기 위해 기존 조직에의 취업이 불가피하겠지만 궁극적으로는 자신만의 업을 개발하여 프리랜서로 독립하는 것을 최종 목표로 정해야 할 것이다. 궁극적인 자신의 목표를 프리에이전트로 살아가는 것으로 정했다면 우선 취업해야 할 곳이 구체적으로 정해질 것이다. 여기저기 이력서를 넣어서 연락이 오는 곳을 무작위로 가는 것이 아니라 자신이 훗날 하려고 하는 분야와 관련된 직장을 전략적으로 엄선하여 가야 할 것이다. 그리고 취업을 하더라도 한 곳에 오래 있기보다는 배우고자 하는 것을 배울 만큼만의 시간 동안 머무르면서 목표지향적으로 일을 해야 할 것이다. 이렇게 필요한 몇 곳에 임시직으로 취업하면서 다양한 경험과 지식을 쌓게 되면 아마추어에서 프로로 전환하듯이 프리에이전트 선언을 해야 할 것이다. 너무 늦기 전에.

　대학을 다니는 학생들도 이제 미래에 다가올 이러한 메가트렌드에 대해서 학습하고 대비해야 한다. 어떤 직장에 취업을 하는 것이 아니라 궁극적으로는 나만의 일을 찾아서 독립형 사업가로 홀로서기를 하는 것으로 정해야 할 것이다. 지금과 같이 영어 배우러, 자격증 따러, 스펙 쌓으러 학원가를 전전할 것이 아니라 자신이 잘할 수 있는 것, 하고 싶은 것, 기회가 되는 것을 찾는 일부터 서둘러 시작해야 할 것이다. 그리고 대학생 때부터 이것저것 저질러보고 다양한 경험을 통해 사업가가 되는 데 필요한 자질과 역량을 쌓기 위해 모든 것을 바쳐야 할 것이다.

자기 브랜딩으로
홀로 성공하는
시대

20대 초반의 여성이 집안에서 세상을 상대로 방송을 한다. 그녀는 요즘 누구나 가는 대학에 다니지 않는다. 방송을 하는 장소는 그냥 자신의 방, 부엌, 거실이다. 복장도 그냥 실내복이거나 평상복이다. 방송 내용은 기성 세대들에게는 낯선 젊은이들의 시시콜콜한 일상이나 게임에 관한 것이다. 특별할 것이 하나도 없다. 말하는 스타일도 그냥 일상에서 친구와 대화하거나 수다떨기식이다. 그런데 그녀의 방송을 시청하는 사람들이 수백만을 넘어섰고, 유튜브 조회 수는 10억 뷰를 넘었다. 인터넷 TV의 인기 BJ 양띵의 이야기다.

스물도 안 된 나이인 2007년에 처음으로 인터넷에서 개인 방송을 시작해 많은 네티즌들에게 알려지기 시작했고, 얼마 지나지 않아 인터넷과 모바일 세계에서 황녀가 되었다. 아프리카 TV에서

'양띵'이라는 이름으로 제국을 건설한 뒤 유튜브로 옮겨서 게임해 설을 하는 동영상을 제작해 올리면서 10억 뷰를 달성했다.

요즘에는 사회적으로 높은 지위에 있거나 큰 업적을 남겼거나 유명한 에피소드를 갖고 있지도 않은데 세상에 널리 알려진 사람들이 많다. 잘 듣지도 보지도 못한 사람인데 인터넷이나 모바일에서는 아주 유명하다. 공중파에서 본 적조차 없는데 아주 유명 방송인이라는 타이틀을 단 사람들이 많다. 개인의 재능과 스토리, 전문성과 흥행성만 갖고 있으면 누구나 영웅이 되는 시대다. 이제는 조직이나 정부, 기업이나 언론사에서마저 역으로 이러한 개인들을 이용해 자신의 조직을 소개하거나 홍보하려는 경향이 생겼다. 예전에는 힘없는 개인들이 자신들을 알리기 위해서 큰 조직들을 이용했지만 이제는 그 반대가 된 것이다.

요즘은 자신을 알리기 위해 많은 돈을 들여 언론이나 신문에 광고를 할 필요가 없다. 인터넷의 블로그나 카페, 모바일 메신저, 유튜브나 트위터, 페이스북이나 인스타그램을 통해 돈 한 푼 들이지 않고 자신을 알릴 수 있는 시대다. 자신에 관한 스토리나 주제만 있으면 수만 명의 사람들을 모을 수 있다. 과거에는 큰 조직을 가진 기업이나 국가만이 할 수 있던 세상과의 소통을 이제는 개인이, 그것도 돈을 들이지 않고 얼마든지 할 수 있다. 가수 싸이가 세계적인 스타로 단기간에 부상할 수 있었던 것도 결국 유튜브 때문이었다. 홍보비용 없이도 유튜브 사이트에 올리기만 하면 전 세계에서 그 영상을 볼 수 있다. 자신을 알리는 데 필요한 시간적, 공간적, 경제적 한계가 사라진 것이다.

중요한 건 자기 브랜딩이다. 자신의 이야기를 만들고, 자신의 특기를 창조하는 것, 그것이 가장 중요한 일이다. 『뉴욕타임즈』는 미국 사람들의 성공 방법론을 소개하면서 과거 벤자민 프랭클린 시대에는 일찍 자고 일찍 일어나는 근면성실이 강조되었는데 지금은 더 이상 그런 방법론으로는 안 되고 '자기 브랜딩'을 잘해야 성공하는 시대가 되었다고 하면서 'Meconomy' 시대가 열렸다고 보도했다.

노는 만큼 성공하는 시대

이 책의 프롤로그에서 보았듯이 우리 청년들이 답답해하는 큰 이유 중의 하나는 가슴 뛰는 일이 없다는 것이다. 돈을 벌며 살아가기 위해 취업을 하고 일은 해야겠는데 가슴이 뛸 정도로 하고 싶은 일은 없다는 것이다. 기성세대들이 들으면 일을 취미로 하느냐, 어떻게 하고 싶은 일만 하고 사냐, 세상에 가슴 뛸 일이 그렇게 많은 줄 아느냐라고 핀잔을 줄지도 모르지만.

청년들은 고백한다. 하고 싶어 기다려지고, 해도 피곤하지 않고, 생각만 해도 가슴이 뛰는 그런 일을 하고 싶지만, 주위에는 없는 것 같고, 찾을 수도 없고, 그래서 답답하다고.

앞에서 우리는 기존 직장인들이 얼마나 어렵게 일하고 있는지를 봤다. 어렵게 대학에 들어가고, 치열하게 준비해서 정말 운 좋게 들어간 직장에 대부분 만족하지 못하고 옮길 생각만을 하고 있다. 하고 있는 일이 즐거운 일이 아니라 억지로 하는 '노역'이다. 평생 해야 하는 일, 하루 중 가장 많은 시간을 보내야 하는 직장이 이렇게 기피대상이거나 월요병을 앓게 하는 '지옥'으로 변질되어 있는 것이다. 비극이다.

한 조사기관에서 '왜 지금 하고 있는 일을 하는지'에 대해 설문조사를 했다. 대부분이 먹고살기 위해서라고 답했다. '왜 먹고살아야 하는지' 그 이유를 물었다. '살아남기 위해서'라는 답이 돌아왔다. '왜 살아남아야 하는가' 하고 다시 물었다. 이런 식으로 질문과 답을 계속 이어나갔더니 맨 마지막에는 '행복하기 위해서', '즐겁게 살기 위해서'라는 답이 나왔다. 하는 일이 서로 다른 사람들을 대상으로 같은 질문을 반복한 결과 가장 마지막 답변은 공통적으로 '행복하게 살기 위해서'였다. 즉 하는 일이 다르고 사는 장소가 다르고 성격도 다르지만 사람들이 인생에서 궁극적으로 추구하는 것은 '행복'과 '즐거움'이었다는 것이다.

호모 루덴스로서의 인간

전문가들은 즐기고 놀기를 좋아하는 존재라는 뜻의 호모 루덴스(Homo Ludence)라고 인류를 지칭했다. 합리적인 생각을 하는 사람이라는 뜻의 호모 사피엔스에 비교되는 개념으로 호모 루덴스는 인간의 비합리적이고 비생산적인 행위를 설명 가능케 했다. 사람들은 왜 복잡한 야구장이나 축구장 등 스포츠 경기장을 찾아 경기를 하면서 뛰거나 남의 경기를 관람하며 소리를 지르는가? 직접적인 부를 가져다주지도 않고 생산적인 결과물을 창출하지도 않는데 말이다. 바로 호모 루덴스로서 인간이 가진 특징 때문이다.

사람들은 근본적으로 놀이를 하고 싶고 즐기고 싶어 하며 행복해지고자 하는 속성을 가지고 있다. 어떤 일에서든 행복감을 느끼고, 즐거움을 찾고자 한다. 어린아이들은 놀 때 이성을 잃고 논다. 즐거움 그 자체를 즐기는 것이다. 이유가 없다. 무조건 좋은 것을 추구하면서 행복감을 추구한다. 그러나 나이가 들고 이것저것 따지기 시작하면서 감성적인 놀이의 즐거움보다는 이성적인 판단으로 일만 하면서 살아가게 된다. 현대인들은 감성적인 즐거움이나 행복보다는 이성적인 판단과 행동을 앞세워 놀이문화를 배척하거나 죄악시하는 경향을 보여왔다. 문화심리학자 김정운 교수에 따르면 대한민국 사람들은 놀면서 행복하면 죄짓는 것 같고 즐거우면 불안해한다는 것이다.

일이나 돈, 성취나 인간관계 등은 삶의 소중한 가치 중 하나다. 하지만 보다 높은 궁극의 가치는 '행복'과 '즐거움'이다. 자유, 평화, 민주, 평등은 오히려 수단적인 가치들이다. 사람은 궁극적으로 행복하기 위해, 즐기기 위해 태어났다. 그것이 삶의 궁극적 목

적이다. 일이나 성취감, 경제적 부는 행복과 즐거움을 위한 수단
에 불과하다. 그런데 사람들 대부분은 일 자체를 인생의 주 목적
으로 삼고 살아가고 있다. 하는 일을 통해 의미를 찾고 행복감과
즐거움을 느끼느냐를 따지지 않고 일을 선택한다. 하지만 무엇이
든 즐겁거나 행복하지 않으면 하지 말아야 한다. 평생 하는 일도
마찬가지다. 일이 삶의 수단이 되어야지 목적이 되어서는 안 된
다. 엄격히 말해 일도 즐겁지 않고 행복하지 않다면 하지 말아야
한다. 삶의 궁극적 가치에 맞지 않기 때문이다.

자신이 이 일을 좋아하느냐를 기준으로 삼지 않고 남들이 좋
다고 하는 것을 선택하는 것이 문제다. 소위 출세했다고 말하는
의사, 검사, 판사, 교수, 대기업, 공무원 같은 직업들 말이다. 물
론 이런 직업들이 적성에 맞고 좋아하는 사람도 있을 것이다. 그
러나 많은 경우 이러한 직업이 힘이 있고 남들에게 영향력을 미칠
수 있다는 이유만으로 무의식적으로 선택하곤 한다.

그다음 유형은 첫 번째 유형에 포함되지 못하는 이 세상 대부
분의 사람들이다. 우선 취업되는 대로 가서 일부터 시작해보는
사람들, 적성 여부를 따질 겨를도 없이 직장부터 잡고 보는 사람
들이다. 이들에게는 직장을 잡고 경제적으로 독립을 하는 것이
급선무이다. 처음에는 일단 들어가고 나중에 더 좋은 직장으로
옮기자고 생각하지만 매일 주어지는 일에 충실하다가 그 자리에

안주하는 경우가 대부분이다. '이게 아닌데'라고 생각하면서도 여전히 직장에 다닌다.

세 번째 유형은 고정 직장이 없어 임시직으로 일하거나 아예 아르바이트를 하며 근근이 사는 사람들이다. 이들에게는 이것저것 따질 여유가 없다. 인생의 목적이나 가치를 논하는 것이 사치스러울 정도다.

이 세 가지 유형에 속하는 사람들이 우리 사회의 80% 이상을 차지한다. 우리의 이웃이나 친구, 친지들 대부분이 이 부류에 속할 것이다. 그러니 그들이 모이면 일하는 즐거움이나 행복감, 직장에 대한 불평과 불만, 고충과 애로에 대한 하소연만 넘칠 수밖에 없다.

이러한 현상은 삶의 근본 목적과 수단을 혼돈한 데서 비롯되었다. 사람이 살아가는 근본적인 목적이 즐겁고 행복하기 위해서인데, 사람들이 그 목적은 도외시한 채 일 자체에 기대어 산다. 일하기 위해서 산다. 일만 하면 되지, 일을 통해 행복하거나 즐거워질 수는 없다고 생각한다. 일과 행복이나 즐거움은 별개이며, 직장은 심각하고 진지한 공간이어야 한다고 생각한다.

김정운 교수는 『노는 만큼 성공한다』에서 이러한 행태에 대해 '놀 줄 모르는 사회', '놀아 본 적이 없는 사회'라고 비판하면서 '어린이들이 해가 져도 지칠 줄 모르고 미친 듯이 노는 것'처럼 우리

사회가 노는 것부터 가르쳐야 한다고 주장한다. 우리 사회가 보다 더 창조적이 되게 하려면 제일 먼저 사람들을 놀게 만들어야 한다는 것이다. 사람들은 즐기고 놀 때 행복해하면서 가장 창의적이 되고 자발적이 된다고 한다.

조직이나 사회가 제대로 된 성과를 내기 위해서는 과거와 같은 '근면 성실로 열심히 일하기' 전략으로는 한계가 있기 때문에 이제는 '놀기', '즐기기'가 일하는 것보다 우선시되어야 한다.

즐기면서 행복한 인간은 단지 열심히 노력하는 인간보다 훨씬 더 높은 성과를 낼 수 있다. 우리의 행복과 즐거움을 위해 일이나 직장을 바꿀 수 있어야 하는데 반대로 일을 위해 우리의 행복과 즐거움을 희생해야 하는 것으로 삶의 가치가 전도되어 있다. 우선순위를 바꾸자. 행복한 일을 하자.

일은 노역이 아니라 놀이다

사람들은 누구나 즐거운 일, 해보고 싶은 일을 하면서 살고자 한다. 그러나 현실적으로 그렇게 안 되는 가장 근본적인 이유는 하고 있는 일이 '내 일'이 아니기 때문이다. 반대로 하고 싶은 일을 즐기며 하는 사람들의 공통적인 특징은 그 일이 '내 일'이라고 생각한다. 내 일을 하게 되면, 하고 싶은 일을 내가 선택할 수 있고 내가 주인공이기 때문에 내가 주도적으로 모든 '일'을 하게 된다.

좋아하는 일이니 기다려지고 창조해보고 싶고 새로운 것을 만들어보고 싶은 것이다. 아무리 해도 힘들거나 지루하지가 않을 것이다. 열심히 하는 사람은 아무리 해도 즐기는 사람을 따라갈 수가 없다. 또한 즐기며 일하는 사람들은 그 일이 남의 일이 아니라 자신의 일이라고 생각한다. 즉 남의 직장에 가서 남에 의해 주어진 일을 타의에 의해 하는 것이 아니라 내가 부여한 미션을 스스로 수행하는 것이다. 내 일이고 성과나 과실도 전부가 나의 책임이라고 생각하니 남다른 의미를 갖게 될 수밖에 없다.

이렇게 일을 하게 되면 일이 지루해지거나 싫어질 수가 없다. 일을 통해 오히려 삶의 의미를 찾게 되고 보람을 얻게 되어 만족감은 더 높아진다. 일이 성사되거나 진척되는 것을 보면서 성취를 느끼고 에너지를 얻게 된다. 일에 대한 모든 것이 온전히 내 손 안에 있게 되고 내가 모든 것을 통제할 수 있게 된다.

직업을 택할 때 좋아하는 일을 우선해야 하는 이유는 또 있다. 좋아하는 일을 하게 되면 일단 집중하게 된다. 좋아하니까 시간 가는 줄 모르고 자꾸 지속하게 된다. 자주 반복적으로 하게 되니까 그 분야에 대해서는 물론이고 이런저런 자료나 사례도 많이 접하게 된다. 당연히 남들보다 전문가가 될 가능성이 높다. 일정 수준 이상의 전문가가 되면 이런저런 기회가 많이 생기게 된다. 자연스럽게 직업적인 성공이 이어질 가능성이 높다. 일에 대한 만족도도 높아진다. 말 그대로 윈-윈이다.

사람이 느끼는 행복감이나 즐거움은 내가 하고 싶은 것을 할 때와 스스로가 상황을 통제하고 예측한다고 느낄 때 더 높아진다. 그러한 상황에서 집중과 몰입이 가능하고 보람과 성취감이 극대화되며 최대의 책임감과 만족감을 느끼게 된다. 따라서 사람은 자신이 좋아하는 일을 해야 한다.

남들이 하는 것을 도와주는 형식이 아니라 스스로 주도해서 해야 한다. 작은 일이라도 직접 주도해야 한다. 그래야만 최대의 자발성이 창출되고 직업적 성취도도 높아지며 인생의 안정감과 행복감도 극대화된다. 같은 일도 남이 시키는 '노역(Work, Duty)'으로 보느냐, 내가 하고 싶어 하는 '놀이(Play)'로 보느냐에 따라 근본적으로 달라진다.

한 번뿐인 인생! 일은 하되 즐겁지 않으면 본말이 전도된 것이다. 즐겁지 않은 일은 하면서 고통스럽기만 할 뿐이다. 즐기는 인생을 살자. 일로 스트레스 받지 말자. 즐거운 일을 하고, 일을 즐기자.

대한민국 청년들은 앞으로 각자 자신이 좋아하는 일을 해야 한다. 부모세대들처럼 살고 어쩔 수 없이 해야 하는 일을 하고는 미래에 대한 비전이 없다. 하고 싶은 일, 가슴 뛰는 자기만의 일을 가지고 살아야 한다.

적성에 맞지 않지만 대학에서 전공했기 때문에, 해보고 싶은 일은 아니지만 취업 기회가 있어서 어쩔 수 없이, 하기 싫은데 부모님이 하라고 해서 억지로 일하지는 말자. 내가 좋아해서, 이것만 하고 있으면 시간 가는 줄 몰라서, 이 일을 하면 잠을 못자도 피곤하지 않아라고 말할 수 있는 일을 하도록 하자. 그래야 인생이 행복해지고 즐거워진다. 그것이 바로 인생을 살아가는 가장 궁극적인 목적이 아닌가!

무언가를 팔며
살아가는
시대

앞에서 원래 인류는 수만 년의 오랜 기간 수렵, 채취의 유목생활을 하면서 스스로 먹고 사는 자급자족의 형태로 살아왔다고 말했다. 자신과 가족의 먹거리를 직접 구해야 했고, 먹거리를 구하지 못하면 굶어 죽을 수밖에 없는 것이 초기 인류의 기본적인 생활이었다. 단 하루도 안정된 날이 없었으며, 며칠간의 상황도 예측할 수 없는, 말 그대로 극도의 불확실함을 떠안고 살았다. 그처럼 불안하고 불확실한 삶 속에서 우리 조상들은 생존해왔다. 이렇게 본다면 우리 인류는 태생적으로 기업가였고 강한 모험정신, 생존에 절실하게 필요한 DNA를 가지고 태어났다고 말할 수 있겠다.

인류는 원래 기업가였다

수렵, 채취생활 이후 정착과 농경생활을 거치고 중세 장원제도와 노예제도, 산업혁명 후에 기업이라는 시스템을 거치면서 인류는 타고난 기업가 DNA를 상실했다. 모험보다는 안정을 선호하고 개인의 일보다는 기업이라는 큰 조직의 보호 속에 살고 싶어 하게 되었다. 현대 인간의 얄팍한 이기심은 우리 몸속에 흐르는 원초적인 DNA를 상실하게 만든 것이다.

방글라데시 사회학자이자 은행가로서 '그라민 은행'을 설립해 무담보로 취약계층에게 융자를 해줬던 무하마드 유누스는 "원시시절 동굴에서 살 때는 우리 모두 스스로 식량을 찾고 먹는 것을 해결했었다. 자기 문제를 각자가 해결하는 기업가였다. 그것이 인류 역사의 시작이었다. 그러다가 문명화가 진행되면서 우리는 그것을 억제하고 노동자로 전락했다. 그리고 우리는 우리가 태생적으로 기업가였다는 것을 잊어버렸다. 지금은 소수만이 우리 안에 내재된 그것을 활용할 뿐이다"라고 말했다.

앞에서 선언한 바와 같이 이제 고용시대는 끝나간다. 직장에 취업해 일하면서 인생을 사는 시대는 지나가고 있다. 지금까지 인간을 삭막한 자연에서 일시적으로 보호해주었던 '고용'이라는 시스템이 수명을 다해서 인간들이 그 뒤에 숨을 수 없는 시대가 온 것이다. 따라서 불안하고 불확실하겠지만 우리 조상과 우리 자신에 대한 믿음을 가져야 한다. 우리 조상들은 원래 불안하고 살벌한 상황에서 생존하는 법을 터득했고 그들의 피가 현재의 우리 몸에도 흐르고 있다는 것을 확실히 기억해야 한다.

인간은 무언가를 팔면서 살아간다

"사람들은 일생 동안 평균적으로 약 3,500명의 사람들과 알고 지낸다."

사회학자 솔라 폴의 말처럼 우리는 매일 누군가를 만나면서 살아간다. 내가 만나자고 해서 만나는 사람도 있고 상대방의 요구에 의해 만나게 되는 사람도 있다. 우연히 지나가다 만나는 경우도 있다.

사람들을 왜 만나는가? 오늘 여러분은 어떤 사람들을 만났는가? 사람을 만나는데 그런 이유가 꼭 있어야 하냐고 반문할 수 있지만 우리 모두 잠시 곰곰이 생각해봐야 할 문제라고 생각한다. 누구를 만날 땐 무엇을 요구하거나 혹은 받기 위해서와 같은 다소 업무적인 이유에서부터 그냥 보고 싶어서, 본 지 오래 되어서와 같은 인간적인 이유까지 다양할 것이다. 또는 가족이나 직장 동료와 같이 무슨 이유가 있어서가 아니라 매일 봐야 하는 관계나 상황이라서 자동으로 보게 되는 경우도 많을 것이다.

이러한 일상적인 사람 간의 만남과 관계를 스코틀랜드의 유명한 소설가이자 시인이었던 로버트 스티븐슨(Robert Louis Stvenson)은 상업적인 거래관계로 규정했다. 스티븐슨은 "사람은 무언가를 팔면서 살아간다(Everybody Lives by Selling Something)"라고 말했다.

사람들 간의 만남을 상업적인 거래로만 규정하는 이러한 시각에 대해 거부감을 가질 수 있다. 스티븐슨이 살던 그 당시에도 비즈니스 업계의 사람들 외에 공무원, 예술인, 교육계 등 다양한 계층의 사람들은 그의 의견에 부정적인 반응을 보였다. 사람들과 오직 거래만을 위해서 만나지만은 않는다는 것이다.

그러나 생각할수록 100년 전 생존했던 작가의 시각은 일리가 있다. 냉정하게 보면 사람을 만나는 데는 이런저런 이유가 있게 마련이다. 내가 원하는 것을 요구하고 상대가 원하는 것에 응함으로써 서로가 무엇인가를 얻고자 한다. 물론 서로가 얻고자 하는 것이 분명하지 않은 경우도 있다. 얻고자 하는 것이 명백히 드러나지 않거나 지금 당장이 아닌 나중에 드러날 수 있는 만남도 있을 것이다. 무엇을 직접 얻어내려는 의도가 없더라도 간접적으로 혹은 장기적으로 자신이 얻게 될 것이 있다고 판단될 때에도 만남은 이루어진다. 또는 지금은 아무것도 얻는 것이 없지만 앞으로 관계를 잘 만들어 놓으면 자신에게 이로울 것이라고 기대하면서 미래에 대한 투자의 개념으로 만남을 이어갈 수도 있다. 학교 동문이나 선후배, 친척이나 이성 간의 만남 등의 경우에는 그런 거래의 여지가 없다고 할 수도 있다. 하지만 이러한 만남도 서로가 주고받을 것이 명백하지 않으면 오래가지 못한다. 단순한 만남을 위한 만남은 오래 지속되지 못하고 주고받을 여지가 큰 만남은 의외로 잘 지속되고 번성하는 경향을 갖는다.

사람 간의 만남을 일종의 거래로 보기 시작하면 여기에는 많은 기회와 위기가 상존한다. 사람들 간의 만남을 하나의 거래로 인식하기 시작하면 모든 관계에서 일종의 거래, 즉 상업적인 일을 할 수 있는 기회를 찾을 수가 있다. 자본주의 사회에서 '모든 관계를 기회를 주고받는 관계'로 인식하는 것은 우리 모두의 잠재력을 폭발시키는 엄청난 요인이 될 수 있다. 자신이 가진 잠재력을 바탕으로 다른 사람들과의 관계를 거래로서 받아들이고 살아간다면, 그러한 관계 인식이 개인의 경제적인 부의 창출과 상관성을 갖는다면, 이러한 만남의 관계야말로 개인의 성공에 대한 동기부여가 될 것이다. 각 개인이 가진 잠재력과 장기를 가지고 서로 거래하는 관계로 살아간다면 개인 간의 관계는 훨씬 더 생산적이 될 것이며, 자기발전과 함께 인류 사회의 성장에도 획기적인 발판이 되리라 확신한다.

이미 세상에서는 벼룩 같은 개인 기업가들이 기회를 창출하고 돈을 벌고 사회변화를 주도하고 있다. 이미 사회의 주인공 역할은 덩치 큰 조직이나 집단이 아니라 모래알처럼 흩어져 있는 프리랜스, 프리에이전트 등 독립된 개인 기업가들이 차지하고 있다. 이런 변화된 사회에서 사람 간의 관계를 어떻게 보는가에 따라 엄청난 인생의 기회를 갖게 될 수도 있고, 그 반대가 되기도 할 것이다.

지금부터 만나는 모든 사람과의 관계에서 그 사람과 내가 무엇을 팔 수 있고, 무엇을 살 수 있는가를 생각해보자. 이러한 인생 프레임으로 세상을 살아가기를 바란다. 이제 시대가 바뀌었다. 인간관계 속에서 기회를 적극적으로 발견하고 기업가적 사고방식을 통해 경제적 부를 창출할 줄 아는 사람이 영웅이 되는 시대다.

누구나 팔 수 있는 물건 한 가지는 가지고 있다

필자는 시골에서 태어나 고등학교를 졸업할 때까지 시골에서 자랐다. 어린 시절에는 오늘날처럼 돈이 흔하지 않아서 필요한 물건이 있으면 시장에 나가 물물교환을 하곤 했다. 사실 물물교환은 원시시대부터 성행하던 상거래 방식으로, 지금까지 이어져오는 인류의 생존 방식 중 하나다.

물물교환이 성립하는 중요한 전제는 사람들이 갖고 있는 것이 서로 달라야 한다는 것이다. 같은 것을 갖고 있으면 교환을 할 필요가 없다. 상대가 가지고 있어도 나에게 소용이 없다면 역시 교환할 필요가 없다. 아주 간단한 상식이다. 모두가 쌀만 경작한다면, 모두가 보리만 경작한다면, 밀만 경작한다면 아무리 풍년이 들어도 농민들은 풍요로운 삶을 누릴 수가 없을 것이다. 서로 다른 농작물을 경작하기 때문에 자기 것을 남의 것과 교환해 가진 것을 나누어 먹으면서 보다 풍요로운 삶을 누릴 수 있다. 서로 달라야 자기가 가진 것 이상의 풍요를 누릴 수 있다.

오늘날의 경제도 정확하게 같은 원리가 지배한다. 한 나라의 경제가 풍요롭기 위해서는 거래가 활발해야 하고 그렇게 되기 위해서는 경제 주체가 서로 다른 것을 생산해야 한다. 서로가 같은 것을 가지고 있고 같은 것을 원한다면 그 나라 경제는 커질 수가 없다. 지금 이 순간 시장경제가 활발하게 움직이는 것도 서로 다른 경제 주체가 존재하기 때문이다.

사람은 모두가 다르다. 분업의 여지가 크고 교환의 여지가 많아졌다. 외모도 다르지만 성격이나 생각, 타고난 배경이나 집안, 꿈이나 희망 등이 전부 다르다. 고대 철학자들은 사람의 타고난 이러한 상이함을 '호모 디페랑스(Homo Difference)'라는 말로 명명했다. 사람은 특기도, 장기도, 취미도 전부 다르다. 서로 다르다는 것은 가진 것이 다르고, 서로에게 줄 수 있는 것이 달라서, 역설적으로 서로 거래, 교환할 수 있는 여지가 있다는 것을 의미한다. 다시 말해 홀로 사는 것보다 서로가 가진 것을 나누면서 더 잘할 수 있는 것으로 남을 돕고, 남보다 못한 것은 도움을 받으며 살아간다면 같은 노력으로 더 큰 보상을 창출할 수 있다.

　사람들의 다름을 이렇게 확장 지향으로 본다면 사람은 누구나 서로에게 팔 물건이 있다고 감히 선언할 수 있다. 왜냐하면 우리 모두는 서로 다르기 때문이다. 다행히도 현대를 사는 우리는 거미줄처럼 서로 연결되어 있다. 바야흐로 초연결(Hyper-Connected) 사회다. 누가 누구인지, 누가 무엇을 가졌는지 우리는 쉽게 알 수 있다. 큰 비용 없이 거래를 할 수 있는 모바일 인프라까지 핸드폰에 깔려 있다. 쉽게 만날 수 있고 쉽게 거래할 수 있고 쉽게 결재할 수 있다. 어느 분야든, 이제 국경은 존재하지 않는다.

　이러한 다름 때문에 인류는 발전했고 성장할 수 있었다. 인류가 서로 다르고 서로가 교환할 수 있는 여지가 크다는 점에서 호모 디페랑스를 옹호하고 살려야 하는 건 분명해보인다. 앞에서도 말했듯이 인간은 탄생 이래 무엇인가를 팔면서 생존해 왔고 무엇인가를 팔 때 존재 의미를 찾을 수 있고 무엇인가를 팔면서 풍요를 누려왔기 때문이다.

　매트 리들리는 그의 책 『이성적 낙관주의자』에서 인류가 지금과 같이 급속하게 번영을 누리게 된 가장 중요한 원인은 물물교환과 노동의 분업이라고 주장한다. 즉 인간은 스스로가 가장 잘할 수 있는 한 분야만을 전문화해서 서로 가진 것을 교환해왔고,

그로 인해 인류 전체는 결국 최소의 노력으로 최대의 가치를 창출할 수 있었다는 것이다. 만약 인간이 각자의 분업과 교환을 발견하지 못했다면 절대로 지금과 같은 복잡하고 어려운 기술과 시스템을 만들 수는 없었을 것이며, 지금과 같은 진보도 이루어내지 못했을 것이다. 앞으로도 인간은 폭발적으로 증가하고 있는 정보를 네크워크화 하고, IT와 인터넷, 모바일과 사물인터넷 등을 통해 점점 더 전문화를 진전시키고 교환시스템을 고도화 함으로써 풍요로운 삶을 영위할 것이다. 결국 인류 번영의 핵심은 '분업'과 '교환'인 셈이다.

문제는 사람들 간의 서로 다름에 이런 큰 기회요인이 있고, 그 다름이 개인과 인류발전에 절대적인 기여를 하고 있다는 사실을 잘 인식하지 못하고 있다는 데 있다. 그래서 스스로 팔 수 있는 것이 없다고 생각하는 우를 범하게 된다. 한 발 더 나아가 할 줄 아는 일이 없다고 스스로를 폄하하게 된다. 이런 자포자기식 자아관은 많은 모순과 불행의 씨앗을 내포하고 있다. 이런 사람들은 정말 할 줄 아는 것이 없어서가 아니라 할 용기가 없거나 하고 싶지 않은 경우가 대부분이다. 마음만 먹으면 누구나 할 일을 찾을 수가 있다.

결론적으로 인간은 누구나 무엇인가를 팔 수 있다. 생각을 바꾸면 누구나 팔 수 있는 것을 찾을 수 있다. 주위에는 자신이 가진 장점과 특기를 발견하지 못하고 스스로 생활보호 대상자를 자처하는 사람들이 많다. 안타까운 일이다.

나는 무엇을 팔며 살아갈 것인가

사람들과의 모든 관계를 일종의 거래관계로 보게 되면 우리가 어떻게 살아야 하는지, 무엇에 집중해야 할지 보인다. 우선 내가 남들에게 팔 것이 있어야 한다. 내가 남에게 제공할 것이 있어야 남들과의 만남이 가능하고 거래가 가능하게 된다. 팔 수 있는 것이 분명하지 않거나 없다면 남들과 주고받을 것도 없게 된다. 결국 스스로 할 일이 없어지는 것이다. 때문에 앞으로 자신의 일을 갖고 행복하게 살기 위해서는 남들에게 확실하게 팔 것을 개발하고 가다듬어야 한다. 그것이 나의 경쟁력이자 실력이며, 전문성이고 특기다.

이 시대의 청년들에게 쉬운 건 없다. 대학 입학에서 졸업까지, 취업과 결혼도 쉽지 않다. 학벌도 좋고 자격증도 부족함 없고 외국어도 능숙한 인재들이 널렸는데 생활은 늘 힘들고 곤궁하다. 이유가 뭘까. 그들에겐 남들에게 팔 만한 특별한 '물건'이 없기 때문이다. 남들 하는 것을 그냥 따라가다 보니, 열심히는 했지만 '특출 난 어떤 것'을 찾아내질 못한 것이다. 결국 지금 청년층의 취업이 어렵고 사회 진출이 어려운 이유는 일자리 자체가 늘지 않는다는 구조적인 문제도 문제지만, '특별한 무엇'이 없는 청년들이 대다수라는 것이 사실 더 근본적인 문제다.

여기에는 학교공부만 성실히 하면 다 해결된다는 안일한 생각과 남들과 다른 것을 추구할 용기나 필요성을 배제시키는 과거의 전통적 유산이 작용한다. 대한민국 특유의 집단성과 획일성은 남들이 하는 것만 따라하면 중간은 간다는 생각에서 비롯되었다. 적당히 남들이 갖추는 자격증이나 비슷한 수준의 어학점수만 따 놓으면 취업할 수 있고 추천받을 수 있다는 예전의 사고를 그대로 답습한 결과다. 지금 청년들의 윗세대들은 자신의 자식 혹은 손자들이 사업, 장사, 중소기업에 취직하기보다는 관료, 대기업, 교사, 공기업 등 덩치 큰 조직이나 안정된 직장에 몸담기를 원한다. 체면을 중시하는 보여주기 식의 의식이 짙게 깔려 있어서다. 대다수의 또래와 달리 도발적이고 자기 주관이 강해 기업가적인 인생을 살고 싶어 하는 청년들은 별로 환영을 받지 못한다. 철없다, 세상 물정 모른다는 핀잔만 받을 뿐이다.

하지만 이제는 시대가 바뀌었다. 큰 조직이나 권력기관의 직원(심부름꾼)으로 살기보다는 개인으로, 기업가로 무엇인가를 팔 것이 뚜렷한 사람으로 살아야 하는 시대가 되었다. 점잖은 사람보다는 끼가 있고 사업 마인드가 있는 사람이 인기 있는 시대다. 권력을 가진 사람보다는 기회를 만들 줄 알거나 부를 일으킬 줄 알며 도전적이고 진취적인 사람이 중심이 되는 시대다. 과거보다 경제적 부의 중요성이 커지게 되었고 부의 편중 현상도 심해졌다. 부자는 점점 더 부자가 될 것이고 가난한 사람은 점점 더 가난해질 것이다.

내가 세상에 팔 수 있는 것이 무엇인지를 고민해야 한다. 나만이 팔 수 있는 것을 확실히 개발하고, 기업가정신을 길러야 한다. 자유로운 기업가로 살 수 있도록 말이다.

학력이 아닌
실력으로 사는
시대

대학교에서 청년들을 교육하는 사람이 고등교육을 비판하는 것은 누워서 침 뱉는 격이라 편하지만은 않다. 학교에서 평소 학생들을 상담하면서 가장 흔하게 듣는 표현이 "답답하다"이다. 원인이야 제각각이지만 어쨌든 공통적으로 학생들은 "답답"하다고 한다. 가장 대표적인 건 적성에 맞지 않는 학과에서 4년이나 갇혀 있어야 한다는 것이다. 미래에 직업으로 무엇인가를 해야겠는데 무엇을 해야 할지가 막막하단다.

또한 대학 입학을 강요하는 부모에 대한 답답함도 있다. 대학에서 배우는 것이 앞으로의 인생에 얼마나 도움이 될까 싶은데도 말이다. 전공교수들은 사회에서 어떻게 활용할 수 있을까가 아닌 전공 그 자체만을 가르친다. 아무리 봐도 공부에는 소질이 없어서 계속 공부한들 사회생활을 잘 할 수 있을지 자신감도 없다. 그리고 이런 답답함을 토로하고 상의할 곳도 없다.

답답하다 정말!

답답한 청년들을 더 답답하게 만드는 학교

미래 세대를 육성하는 대한민국 교육에 많은 문제점이 있다는 건 어제오늘의 이야기가 아니다. 몇 가지를 들 수 있겠지만 무엇보다도 인생에서 제일 중요한 직업, 일이라는 것을 찾고 준비시키는 역할을 제대로 못한다는 면에서 특히 그렇다.

학교 교육에서 가장 중요한 잣대는 '성적'이다. 여기엔 누구든 주어진 과목에 대해 우수한 성적을 내야 한다는 획일성이 깔려 있다. 대한민국 학교에서 중요하게 여기는 과목은 수학과 언어다. 그다음이 인문학이고 그다음이 예술 분야다. 엄격하게 서열화되어 있다.

사람의 다양성과 개성과는 관계없이 수학과 언어 과목을 잘해야 칭찬을 받는다. 개성을 중시하는 예술은 아무리 잘한들 성적에 아무런 영향도 주지 않는다.

미국의 교육전문가 켄 로빈슨(Ken Robinson)은 이러한 현상에 대해 'Do Schools kill Creativity?(학교는 창의성을 죽이는가?)'라는 제목으로 TED 강연을 해 200만 클릭수를 기록했다. 그의 말에 따르면 교육에서 기초지식에 눈을 뜨는 것만큼 대등하게 중요한 것이 개인의 개성을 살린 창의성(Creativity)이라고 강조한다. 어릴 때 아이들은 모두가 창의적이고 발랄하고 자유분방하지만 상급 학교로 갈수록 개성이 없어지고 다양성이 사라진다고 지적한다. 즉 현재의 학교 교육은 사람들의 타고난 창의성을 살리는 게 아니라 오히려 죽인다고 지적한다.

개인의 다양성과 창의성을 강조하는 문화로 유대문화를 빼놓을 수가 없다. 유대인 교육의 핵심 내용이라고 할 수 있는 탈무드에는 "하느님은 당신을 세상의 누구와도 다른 독창적인 존재로 만들었는데 왜 당신은 다른 사람과 생각이 같습니까?"라는 내용이 있다. 유대인의 개성과 창의성을 강조하는 구절이다.

인간은 전부가 각각의 특기를 가진 예술가다. 누구나 자신의 특기를 타고나지만, 그것을 살려서 성공으로 연결시키지 못하는 게 대부분이다. 흔히 회자되는 성공한 사람들은 자신의 타고난 특기를 발견하여 잘 살린 경우라고 할 수 있다.

학교 교육은 각자의 특기를 찾아 살려 나가도록 하는 데 주안점이 맞추어져야 한다. 교육(Education)이라는 말의 어원인 'Educe'는 라틴어로 '끄집어내다', '유인하다', '동기부여하다'의 뜻이다. '집어넣다', '가르치다', '강요하다'가 아니라 그 반대로 상대를 자극하여 스스로 하도록 유도하는 데 본래의 의미가 있다.

학생이 앞서가도록 하고 선생은 그 뒤를 따라가야 한다. 그러나 우리의 교육현장은 정반대로 가고 있다. 대학교를 졸업하면 모두가 비슷한 사람이 된다. 교육의 종말이나 다름없다.

현재 학교 교육에서의 성적 우수자는 큰 사업가나 큰 발명가, 도전하거나 혁신을 이루는 사람이라기보다는 직장에 들어가서 주어진 일을 충실하게 하는 직장인(봉급생활자)으로 살아갈 가능성이 높다.

보통 학교에서는 선생님의 가르침에 잘 따르고, 시험 잘 보고, 친구들과 말썽 없이 잘 지내며, 실패하지 않고 학교의 틀을 벗어나지 않는 학생을 칭찬하며 우등생으로 대우한다.

반면에 독자적이거나 엉뚱한, 자기 마음대로 행동하고, 시험 성적이 좋지 않고, 시키지 않은 일로 선생님을 속썩이는 학생은 열등생, 문제아로 낙인찍는다. 그러니 학교 교육은 순응하는 사람, 시키는 일을 잘하는 사람, 새로운 것을 시도하지 않는 사람, 실패를 하지 않는 완벽한 사람, 암기력이 좋은 사람, 남들과 다르게 행동하지 않는 사람, 주어진 틀 안에서만 노는 사람들을 양산할 수밖에 없게 되어 있다.

하지만 유감스럽게도 이런 사람들은 사회에서는 조직의 리더

이기보다 리더를 따르는 구성원에 더 적합하다. 새로운 것을 창조하고 위험을 감수하며 실패를 인정하면서 불확실한 미래에서 생존할 수 있는 길을 찾거나 해보지 않은 일을 하는 데 익숙하지 않을 가능성이 높다.

이런 분위기에서는 실패하면 안 되는 것이고 실패는 잘못된 사람들이 하는 것으로 여긴다. 가지 않는 길을 가선 안 되고 해보지 않은 일은 안 하는 게 안전하다고 생각한다. 현재의 학교 교육은 국가 사회가 필요로 하는 리더보다는 평범한 일반시민을 양산하는 지식교육인 셈이다.

현재의 교육 시스템은 불확실한 미래의, 그래서 기계가 사람을 대체하는 세상에서 인간이 생존하는 기술을 가르치지 못하고 있다. 인간만의 기능, 기계가 대체하지 못하는 기능을 수행해야 하는데 지금의 학교는 기계가 할 수 있는 일만 가르치고 있다. 대량 생산된 지식을 같은 방식으로 가르치고 있다.

지금 대부분의 학교에서 가르치는 내용은 인터넷이나 전문 블로그, 웹사이트에서도 볼 수 있는 내용들이 많다. 학생들이 마음만 먹으면 학교에 가지 않고도 얼마든지 혼자 스스로 배울 수 있는 것이다. 그래서 인터넷과 모바일에 밝은 밀레니엄 세대 학생들은 더욱 더 학교 교육을 지루해하고 학교에서의 가르침을 하찮게 생각한다.

전문가들은 "현재의 교육 시스템은 100년 전에나 필요했던 시스템"이라고 비판한다. 학교 교육부터가 컴퓨터에 의해 대체되어야 한다고 주장한다. 위키피디아나 MOOC, Kahn Academy 등에 의해 학교 교육은 얼마든지 대체될 수 있다는 것이다. 이제 학교에서 가르치는 대부분의 지식은 위키피디아에 더 잘 나와 있다. 선진국에서 교육의 변화는 시작되고 있다. 독일은 "위키피디아에 나오는 것들을 가르칠 필요는 없다. 창의력을 키우고 기계가 못하는 일들을 가르쳐야 한다"며 학교 교육과정을 전면 개편 중에 있고, 영국은 "창의력과 알고리즘이 다음 세대 직업의 필수 요소일 것"이라며 초등학생 때부터 코딩과 알고리즘에 대해 가르치기 시작했다. 이제는 교육이 산업화 시대의 대량생산 시스템에서 농경시대의 개별 경작 시스템으로 되돌아가야 한다. 학생 개개인의 개성을 살려 창의적으로 키워야 한다.

학교교육은 상급학교 진학을 위한 준비과정, 학자를 만들기 위한 이론적 교육에 얽매여 있다. 가르치는 과목이나 시스템, 지향하는 목표들을 보면 그렇다는 것이다. 이런 시스템과 틀 속에서 도전적이고 창의적인 사람을 기대하는 것은 무리다.

지금의 학교 시스템에서는 분야를 세분화하여 전문지식 교육에 집중하고 석사와 박사학위를 수여한다. 아주 좁은 분야의 전문가를 양성하기 때문에 서로의 분야를 모른다. 그러나 세상에서는 아주 좁은 분야의 좁은 지식만으로는 큰 의미가 없고 큰일을 할 수가 없다. 서로가 융합하고 연결되어야 하지만 지금의 학교교육은 그런 것을 가르치지 않는다. 학위를 위한 교육, 학자를 양성하기 위한 교육에 맞추어진 상아탑 교육이다. 진정 이 사회를 살면서 승부를 걸어야 하는 분야(창의, 금융, 예술, 인간관계, 도전과 실패, 불확실한 세상에서 살아남기 등)는 대학을 졸업할 때까지 거의 접할 기회가 없다.

한양대 교육공학과 유영만 교수는 대학교의 이러한 풍조를 '학사, 석사, 박사학위의 차이점'이라는 제목으로 다음과 같이 풍자하고 있다.

학사 : 여러분이 대학의 파리학과를 졸업하고 입사한 파리학사라고 가정해보자. 파리학사는 파리개론부터 배우기 시작해서 파리 앞다리론, 파리 뒷다리론, 파리 몸통론 등 파리 각론을 배우고 졸업하기 이전에 파리를 분해조립하고 파리가 있는 현장에 가서 인턴십 등 실습을 한 다음 파리학사 자격증을 취득하면 "이제 파리에 대해서 모든 것을 알 것 같다"고 말한다.

석사 : 파리에 대해서 전문지식이 부족한 파리학사는 파리학과 대학원 석사과정에 입학한다. 파리석사는 파리 전체를 연구하면 절대로 졸업할 수 없기 때문에 파리의 특정 부위, 예를 들면 '파리 뒷다리'를 전공한다.

파리 뒷다리를 전공하는 파리학과 대학원생은 파리 뒷다리를 몸통에서 분리한 다음 실험실에서 2년간 연구한 다음 '파리 뒷다리가 파리 몸통에 미치는 영향에 관한 연구'라는 논문으로 석사학위를 받는다. 파리석사는 이제 무엇을 모르는지 알 것 같다고 한다. 파리 뒷다리 전공자에게 절대로 파리 앞다리를 물어봐서는 안 된다. 파리 뒷다리 전공자는 파리 앞다리에 대해서는 아는 바가 없기 때문이다. 파리석사는 파리에 관한 보다 세분화된 전공지식을 습득하기 위해 파리학과 대학원 박사과정에 입학한다.

박사 : 박사과정생은 파리 뒷다리를 통째로 전공해서는 절대로 박사학위를 취득할 수 없는 현실을 너무도 잘 알고 있기 때문에 '파리 뒷다리 발톱'을 전공한다. 박사학위 논문을 쓰기 전에 파리학과 대학원 박사과정생은 전국추계 파리발톱 학술대회에 나가서 그동안 연구한 파리 발톱의 특정 부위 성분이 파리 발톱 성장에 미치는 영향에 관한 연구라는 부논문을 발표한다. 이런 부논문을 더욱 세분화시켜 1년생 파리 뒷다리 발톱의 성장패턴이 파리 먹이 취득 방식에 미치는 영향에 관한 연구로 박사학위를 취득한다.

파리 박사학위는 '나만 모르는지 알았더니 남들도 다 모르는군', 이런 깨달음이 오면 주어지는 학위다. 여기에서 중요한 점은 파리 발톱을 전공한 박사전공자 간에도 발톱 부위별 전공 부위가 달라서 커뮤니케이션이 어렵다는 점이다.

교수 : 이제 파리학과 교수는 보다 세분화된 전공을 선택해야 교수사회로 입문할 수 있다. 교수가 전공하는 파리 부위는 '파리 발톱에 낀 때'다. 파리 발톱에 낀 때를 전공하는 교수들도 까만 때를 전공하는 교수, 누르스름한 때를 전공하는 교수, 30년산 때나 21년산 때를 전공하는 교수, 18년산이나 15년산 또는 12년산 때를 전공하는 교수로 나뉘어서 동일한 파리의 때를 전공하지만 전공영역이 달라 사용하는 전공용어상의 차이로 인하여 때를 전공하는 교수들끼리도 커뮤니케이션이 쉽지 않다. 이렇게 교수가 되면 "어차피 모르는 것, 끝까지 우겨야 되겠다"라는 말을 하게 된다.

왜 A학생은 C학생 밑에서 일하는가

앞서 말했지만, 우리가 어릴 적부터 가장 많이 들어왔고 또한 믿었던 말이 "공부 열심히 해야 출세한다"는 말이다. 공부 못하면 살면서 어려움을 겪을 것이라는 말도 마찬가지다. 어느 정도는 사실이다. 취업을 하려면 성적증명서가 첨부되어야 하고 추천서도 성적이 좋아야 발급이 되니까 말이다. 그리고 성적이 좋은 사람들이 대체적으로 근면하고 성실하고 게으름을 피우지 않고 조직에 순응을 더 잘하니 조직에서도 선호될 수밖에 없다.

그러나 실제 사회생활을 지속하다 보면 학교에서의 성적 우수자들(A학생)이 조직에서의 업무성과나 새로운 일에 대한 창의성, 조직 구성원들과의 협력 등에서 학교성적이 좋지 않았던 사람들(C학생)에 비해서 반드시 더 우수하지는 않다는 걸 알게 된다.

로버트 기와사키는 『왜 A학생은 C학생 밑에서 일하는가?』라는 책에서 단지 교과목 성적이 우수한 학생보다는 금융과 경제교육을 제대로 이수하고 돈을 잘 다룰 줄 알고 수익을 창출하고 유지할 줄 아는 실질적 교육을 받은 학생이 인생을 풍요롭게 산다고 주장하고 있다.

그리고 지금의 학교 교육은 금융이나 경제교육을 제대로 하고 있지 않아서 학생들에게 실질적인 교육을 시켜주지 못하고 있다고 비판한다.

일반적으로 학교에서의 성적 우수자들이 사회 조직에서 우수한 성과를 내는 데 한계를 드러내는 이유는 첫째, 학교에서 가르치는 내용이 사회나 조직에서 필요한 것과 거리가 있다는 교육의 가장 근본적인 한계와 관련이 있다. 사회에서 필요한 다양한 인간관계 기술이나 생존에 필요한 실질적 기술들을 학교에서 가르치지 않으니 성적 우수자들이 실력을 발휘할 수가 없다.

둘째, 일반적으로 성적 우수자들은 학교에서 가르치는 대로 잘 순응함으로써 좋은 점수를 받았기 때문에 누가 시키는 일은 잘하지만 스스로 새로운 것을 개척하는 일은 어려워하는 경향이 있다.

셋째, 성적 우수자들은 실패를 해 본 적이 드물다. 주위로부터 늘 관심을 받고 칭찬을 들으면서 커 왔기 때문에 조금의 무관심이나 실패, 기대 이하의 상황이나 변화무쌍한 사회 환경에 쉽게 좌절하거나 적응하지 못하는 경우가 많다.

넷째, 성적 우수자들은 사고가 획일화된 경우가 많다. 학교에서는 다양한 사고를 해 본 적이 거의 없다. 경쟁에서 이기기 위해 다른 일을 생각할 수가 없었고 시키는 일을 그대로 차질 없이 해 왔기 때문에 남들과 다른 일을 해 본 적이 없고 세상에 정답은 하나밖에 없다는 생각을 하는 경향이 있어, 창의와 독창성, 참신성을 요구하는 일에는 어려움을 겪게 된다.

마지막으로 성적 우수자들은 궂은 일, 힘든 일, 위험한 일을 해 본 적이 드물어 예기치 못한 환경에 적응하는 능력이 다른 사람들에 비해 떨어지는 경향이 있다. 그리고 항상 갑의 입장에서 독립적으로 커 왔기 때문에 다른 사람들과의 원활한 협력이나 타협, 그들의 입장을 이해하는 능력에서 한계를 보이는 경우가 훨씬 많다.

반대로 성적이 우수하지 못했던 사람들은 상대적으로 자유롭게 커 왔다. 독자적인 생각과 판단도 하고 실패도 많이 해보고, 남들이 하지 않는 새로운 것을 시도해봤다. 친구 사이에서도 주목을 받거나 주인공이 된 적이 별로 없어서, 스스로 운명을 개척하거나 생존을 위한 한 가지 필살기는 가져야 한다는 절박함으로 무장되어 있다. 이런저런 궂은 일, 험한 일도 많이 해보고 을의 위치를 경험해보았기 때문에 상대를 이해하는 능력 또한 성적 우수자보다 낫다고 할 수 있다. 물론 모든 사람들을 이처럼 일률적으로 구분 지을 수는 없지만 대체적으로 이러한 경향을 보인다는 것이다.

『머니 투데이』 권성희 기자는 다음과 같은 이유로 C학생이 A학생보다 사회생활에서는 낫다고 주장한다.

1. C학생은 남들보다 자신이 원하는 것을 더 일찍 파악한다 : C학생들은 자신에게 불필요하다고 생각되는 공부엔 많은 시간을 들이지 않는다. 모범적인 A학생은 두루두루 모든 과목을 잘하면서 모든 교사들의 칭찬을 받으며 부모에겐 자랑거리가 된다. 이는 다시 말해 사회 시스템과 교사, 부모가 원하는 것에 자신을 잘 맞춰

갈 수 있다는 의미다. 남들에게 잘 맞춰가는 만큼 월급쟁이로선 최고다. 하지만 새로운 기업을 세우고 시스템을 창출하고 변화를 만들어가는 데는 부족할 수밖에 없다. 틀에 따르기보다 자신의 욕구를 따르는 C학생이 혁신에선 더 앞서나갈 수 있다.

2. C학생은 직접경험이 많다 : A학생은 학교 다닐 때 '공부만' 한다. 반면 C학생은 친구들과 어울려 놀고 아르바이트도 해보고 춤이나 게임, 영화, 노래, 아이돌 등 공부에 방해가 되는 취미에도 빠져본다. 공부 외에 실생활 경험이 많기에 사회에 빨리 적응할 수 있다. A학생은 추상적인 지식이 많아 이론에 강한 반면 C학생은 순발력과 상식, 경험을 통해 실전에 강하다고 할 수 있다.

3. C학생은 네트워크를 구축한다 : 어른들이 좋아하는 말 중에 '공부는 엉덩이로 하는 것'이라는 말이 있다. A학생은 책상 앞에 엉덩이를 붙이고 앉아 학교와 교육 시스템이 요구하는 온갖 쓸데없는 지식까지 달달 외운다. 인터넷을 찾으면 금세 나올 지식도 오로지 좋은 점수를 받기 위해 시간을 들여 외운다. 반면 C학생은 그 시간에 사람들과 만나고 자신이 좋아하는 일을 찾아 한다. 남들 눈엔 노는 것처럼 보이지만 그 놀이 속에서 자신의 길을 스스로 찾고 있는 것이다.

4. C학생은 인생을 즐길 줄 안다 : 행복한 사람이 그렇지 않은 사람보다 성공할 확률이 높다. 사람들은 밝고 긍정적이고 즐거운 사

람과 함께 있기를 원하기 때문이다. C학생은 자신이 좋아하는 일을 하면서 놀아본 경험이 많아 모범적인 A학생보다 함께 있으면 재미있는 경향이 있다.

5. C학생은 가장 단순하고 쉬운 해법을 찾아낸다 : 발명왕 에디슨이 박사 출신의 연구실 직원에게 전구 하나를 주면서 부피를 재달라고 했다. 이 직원은 온갖 수식을 동원해 부피를 계산하기 시작했다. 잠시 후 에디슨이 "아직 안 됐나"라고 묻고는 직원이 써놓은 수식을 보고는 깜짝 놀라 말했다. "비커에 물을 따라 전구에 물을 부어보면 금세 부피가 나올 텐데 왜 이런 고생을 하고 있나." 에디슨은 초등학교 중퇴자다. 세계 최고 부자인 빌 게이츠는 이렇게 말했다. "나는 언제나 어려운 일을 맡길 때 가장 게으른 사람을 선택한다. 그 사람이 가장 쉬운 방법을 찾아내기 때문이다."

물론 한국 사회에서 수많은 C학생이 사회에 나와 직업을 찾지 못하거나 마땅한 사업 기회를 찾지 못해 고생하는 것이 현실이다. 하지만 큰 성공이 A학생이 아니라 C학생에게서 나오는 경향이 높은 것 또한 사실이다. 성공하려면 감성지능, 인내, 열정 그리고 실패를 극복하는 힘이 필요하다. 학교 시스템에서 실패를 겪어본 C학생은 그 실패를 극복하기만 하면 더 큰 도약을 이룰 수 있다. A학생이 온실 속 화초라면 C학생은 잡초라고 할 수 있지 않을까. C학생은 자신의 꿈을 위해 싸울 줄을 안다.

이러한 이야기를 학교 공부할 필요가 없다고 말하는 것으로 오해하지 않았으면 한다. 학교 공부가 필요 없다는 것이 아니라 학교 공부와 사회에서 요구하는 실력에는 다소 차이가 있다는 것을 제대로 알아야 한다는 얘기다. 그래서 학교 공부 잘한다고 사회 생활도 잘할 것이라는 추론은 하지 말자. 반대로 학교 공부 좀 못한다고 인생 끝났다고 생각해서도 안 된다. 대한민국은 인생의 승패가 마치 20세에 정해지는 것처럼 보인다. 즉 좋은 대학에 들어가면 성공한 인생이고, 그렇지 못하면 실패한 인생이라는 식이다. 소수의 좋은 대학을 들어간 10% 정도의 젊은이는 성공한 인생이고, 그렇지 못한 90%의 젊은이들은 루저(Loser) 취급을 받는다. 한심하고 서글픈 일이다.

학벌을 무시하자

앞에서 대학교육의 근본적인 문제점과 한계를 거론했지만, '대학 간 우열', 즉 '학벌' 문제도 빼놓을 수 없다. 프롤로그에서 청년 세대들의 가장 심각한 트라우마 중 하나가 학벌로 인한 상처라고 말했다. 소위 말하는 '좋은 대학과 그렇지 못한 대학'의 트랩에 갇혀 대부분의 청년들이 보이지 않는 학벌 바이러스로 상처를 입고 있다. '나는 가고 싶은 대학을 가지 못했어…'라는 자기만의 상처.

이런 '대학 이분법'이 얼마나 근거 없고 허황된 것인가는 많은 사람이 알고 있다. 하지만 대한민국의 학부모들은 여전히 자신의 자녀들을 사교육의 지옥으로 몰아세우고 있다. 학부모 스스로가 사교육 때문에 죽겠다고 말하면서 앞장서서 사교육을 조장하고 있다.

사회생활을 해본 대다수의 사람은 사회에서의 성공 여부가 학교 간 차이에서 오지 않는다고 말한다. 오히려 좋은 대학교를 나오지 않은 학생이 그 콤플렉스를 극복하기 위해 더 열심히 했고, 그로 인해 더 나은 결과를 얻었던 경우가 많다고 한다. 결국 중요한 건 청년들 스스로가 학력 콤플렉스에서 빨리 벗어나 쓸데없는 근심과 패배의식, 답답함에서 벗어나야 한다는 것이다. 가장 왕성하게 활동해야 할 20~30대에 학벌에 갇혀 시간과 정력을 낭비해서는 안 된다. 더구나 앞으로의 세상은 집안이나 학교와 같은 요인보다는 철저하게 개인적인 자질이나 실력에 의해 살아가는 'Meconomy' 시대다. 대학을 나오지 않는 것이 전혀 장애가 되지 않는 시대가 되고 있다. 오히려 남들이 다 가는 대학을 가지 않고 그 시간에 자기만의 특별한 무엇을 이룬다면 대학 졸업장보다 훨씬 더 가치를 인정받을 수 있을 것이다.

대한민국의 학교교육은 유감스럽게도 청년들의 가슴을 더 답답하게 하고 있다. 전공이라는 칸막이로, 세상과 동떨어진 이론 교육으로, 개별 적성과 무관한 획일성으로 청년들의 가슴을 더 옥죄고 있는 형국이다.

대한민국에서 학교성적이 우수한 인재들은 졸업 후 공무원, 판검사, 돈 잘 번다는 의사를 선택한다. 이 시대 국가가 필요로 하는 인재는 일자리를 만들고 부를 창출하는 기업인인데 우수 인재라는 사람들은 기존에 있는 안정된 직장에 들어가는 것을 선호한다. 이 사회가 진정으로 필요한 사람들은 새로운 것에 도전하고 모험하는 사람들인데, 많은 사람들이 모험보다는 안정된, 이미 알려진 곳에 가서 주어진 일, 시키는 일만 하려고 한다.

이것이 학교가 기업가정신과 창업 교육을 본격화해야 하는 중차대한 이유다. 무엇보다도 학교교육의 한계는 이 사회가 필요로 하는 리더를 양성하기보다는 조직 내에서 심부름을 하는 종업원을 양산하는 교육이라는 점이다.

교육의 중심이 기업가를 양성하는 방향으로 바뀌어야 한다. 교육기관의 기본 사명은 사회가, 국가가 필요로 하는 인재를 길러내는 것이다. 지금 이 사회가 절실히 필요로 하는 인재는 기업에 들어가 정해진 일을 하는 종업원이 아니라 기업을 세워 일자리를 만들 창업가들이다. 학교가 창업가를 기르고 배출해야 한다. 걸출한 기업가 1명이 100만 명을 먹여 살린다는 것을 우리는 이미 보고 있다. 현대판 10만 글로벌 기업가 양성 프로젝트를 가동해야 한다.

이를 위해서는 학교가 근본적으로 바뀌어야 한다. 학생들은 한 분야 전공과목만으로 졸업하는 것을 제일 아쉬워한다. 관심 있는 분야, 좋아하는 분야를 넘나들며 융합하고 창조해보고자 하지만 학과라는 틀에 갇혀 있다. 학제가 재직 교수의 전공 과목이 아닌 학생이 원하는 과목 위주로 편성되어야 한다. 학생들이 쉽게 영역을 넘나들고 새로운 것을 만들고 창업에 도전할 수 있도록 해야 한다. 전공에 관계없이 모든 학과가 사회문제해결과 창의성, 도전과 체험, 모험과 실패, 사업화와 지식재산권, 창업과 경영에 관한 다양한 프로그램을 도입해야 한다. 학과 간 칸막이를 없애고 전공 간 과감한 융합과 창업 연계 전공과정 도입, 창업 활동 학점 인정, 학교 간 창업 학점 교류, 창업 휴학제와 같은 제도를 도입해야 한다.

학생들도 학과 공부만 해서는 진정한 실력을 쌓을 수가 없다는 것을 인지하고 다양한 분야를 공부해야 한다. 공학을 전공하는 학생들은 경영이나 인문학을, 인문학을 전공하는 학생들은 공학이나 자연과학을 공부해서 융합과 통섭을 시도해야 한다. 전공에 관계없이 경영이나 창업, 기업가정신 등에 대한 공부를 하여 미래 자신의 업을 만들어 독립해서 기업가로 살아갈 수 있는 준비를 해야 한다. 학과에서 하는 것만 배워서는 그 학과 수준을 벗어날 수 없다. 창업동아리, 경진대회, 기업체 인턴 등을 통해 다양한 사회경험을 미리 해야 한다.

무엇이든
만들 수 있는
제2의 산업혁명 시대

평소에 잘 알고 지내는 기업인의 이야기다. 평생을 인쇄업에 종사하면서 나름 성공을 거두었고, 나이가 들면서 인쇄업은 후계자에게 맡기고, 본인은 새롭게 창업을 실행했다. 아이템은 본인이 평소에 자주 사용하고 관심을 많이 가졌던 건강 마사지 기계였다. 피부에 적외선 열이나 압력으로 피부를 자극하여 혈액순환을 촉진시키고 통증도 완화한다는 기능의 제품이었다. 본인의 전문성과는 전혀 관계가 없는 새로운 아이템이어서 필자는 창업에 반대했다. 마사지 기계를 만들어야 하는 제조업이고, 소비제품으로 판매 후 소비자 클레임이나 불만으로 뒷일이 많은 아이템이기 때문에 성공하기가 아주 어렵다는 이유였다. 무엇보다 경험도 없는데 어떻게 제품을 설계해서 기능을 하게 할 것인가? 공장은 어디에 세울 것이며 생산을 위한 인력은 어떻게 조달할 건가? 소요

자금도 막대할 것이고 준비 기간도 길 텐데, 그 모든 위험을 감당할 수 있겠느냐고 다그쳤다.

그러나 이런저런 우려에도 불구하고 6개월이 지난 후 결과는 나의 예상과는 완전히 달랐다. 그분이 원하는 거의 완벽에 가까운 시제품이 나왔다. 나의 우려는 그야말로 기우(杞憂)였다. 제품 설계, 시제품 제작, 심지어 대량생산까지도 전혀 걱정할 것이 없었다. 아이디어만 있으면 모든 것이 가능하다는 것을 그때 깨달을 수 있었다.

발명 단계의 아이디어를 듣고 그것의 콘셉트를 구체화시키고, 그 콘셉트를 실제 제품으로 설계하며, 설계된 것을 토대로 시제품으로 만들어주는 전문가들을 쉽게 만날 수 있다. 개별적으로 또는 회사라는 조직으로 이러한 일을 대행하는 사람들이 많다. 기계, 전기, 화학, 의료 등 전문 분야별로 협업도 아주 잘 이루어지고 있다. 전문가들이 금방 모일 수 있고 프로젝트 지휘자의 의도대로 신속하게 움직이는 것이 가능하다. 대량생산도 직접 할 필요가 없을 정도로 생산 하청 전문업체들이 즐비하다. 결과적으로 그분은 직접 설계도, 시제품 제작도, 생산도 하지 않았지만 마사지기 업체를 창업한 것이다.

전통적으로 생산수단을 보유한 집단은 엄청난 시설과 드넓은 공장을 소유한 대기업이나 전문기업들이었다. 중소기업이나 개인이 제품을 만드는 것은 엄두도 내지 못할 일이었다. 산업혁명 이후 생산수단을 가진 사람이 최고의 부자였고 최고의 권력자였다. 지금과는 달리 소비자는 만들어 놓은 물건만 쓰는 을의 입장이었고 생산자는 만들기만 할 뿐, 판매에 대한 걱정은 없었다. 소비자가 살 수밖에 없었기 때문이다. 생산자의 시대, 소수 제조기업의 시대였던 것이다. 소비자는 생산자에게 이래라 저래라 할 권한도 없었고 소비자들이 만들 수 없는 것을 제조기업이 만들어 공급해주는 것을 고맙게 생각해야 할 정도였다. 제품이 소비자의 욕구에 맞는 것인지 아닌지는 크게 중요하지 않았다. 제품을 대량으로 생산하는 것만으로도 미덕이라는 칭송이 따랐다.

그러나 이제는 바뀌었다. 개인도 마음만 먹으면 무엇이든 직접 만들어 볼 수 있는 시대가 되었다. 발명가가 기업인이 되는 시대다. 이전에는 발명 아이디어가 사업화로 이어지는 경우가 드물었다. 그러나 지금은 아이디어가 곧 돈이고 자산이다.

이렇게 된 배경에는 컴퓨터와 인터넷, 모바일, SNS의 등장, 제조를 쉽게 할 수 있는 장비와 기술이 발달되어 있어서다. 최근 등장한 3D 프린터 기술이 그중 하나다. 설계도만 있으면 컴퓨터가 그림을 인쇄하듯이 실제 제품을 만들어낼 수 있다. 컴퓨터를 이용한 설계나 가상현실 등의 기술도 제조를 쉽게 만드는 주요한 수단들이다. 제조를 위한 첨단 장비와 프로그램들의 가격이 저렴해지면서 이러한 장비만을 갖추고 제조 대행을 하는 소규모 기업이나 전문가 그룹들이 많아졌다. Maker Space나 Hacker Space, Tech Shop 등, 이들은 소정의 장비를 갖추고 직접 만들어 주거나 만들려는 사람들이 장비를 사용할 수 있도록 하고 있다.

미국에는 1,000여 개의 이러한 전문 제작소가 있고 중국 상하이에만 100여 개가 있다고 한다. 또한 '팹랩(FabLab)'이라는 이름으로 소규모의 제조설비를 갖추고 외부로부터 제품 제조 의뢰를 받아서 제작만 해주는 곳도 성행하고 있다. 대한민국은 아직 이러한 팹랩이 성행하지 않고 있지만 미국이나 유럽, 일본 등만 해도 많은 팹랩이 운영되고 있다. 앞으로 급격히 성장하게 될 분야임에는 틀림없을 것 같다.

또 다른 요인은 사람들이 인터넷과 모바일로 각자가 가진 것들을 쉽게 연결할 수 있다는 점이다. 아이디어만 있으면 그것을 설계할 줄 아는 사람, 그것과 유사한 것을 만들어 본 사람, 제조에 필요한 설비를 갖추고 있는 사람, 그러한 제품을 사용해 본 사람들이 쉽게 온라인으로 만나고 의견을 나누고 협업을 할 수 있다. 예전에는 좋은 아이디어가 있어도 어떻게 설계를 해야 할지, 어떻게 기능을 구현하는지, 어떻게 제조를 해야 하는지, 누가 제조를 할 줄 아는지에 대한 정보가 전혀 없었기 때문에 제조 자체가 불가능했다. 그러나 지금은 아이디어만 제시하면 각 분야의 전문가가 나타나 의견을 내고 기능을 분담해서 협업으로 제품을 완성하는, 소위 'Crowd Sourcing'이 가능해졌다. 이러한 기능을 하는 대표적인 온라인 사이트가 'Quirky'다. 간단한 아이디어만 올리면 개인들이 각자 의견을 제시하고 수정을 통해 아이디어를 완성한다. 그런 다음에는 제조 단계로 넘어가서 역시 다양한 사람들의 역할 분담을 통해 생산까지 해내는 사이트이다. 대한민국에서는 비슷한 개념의 Online Market Place로 '창조경제타운'이라는 사이트가 있다. 각자가 아이디어를 내면 서로 수정의견을 내고 멘토의 멘토링을 거쳐 투자유치, 생산까지를 다수의 대중들이 참여하여 완성해내는 곳이다.

이렇게 되면 소비자의 욕구에 따라 다양하게 대응할 수 있는 다품종 소량 생산이 가능하다. 이전에는 소수의 제품을 대량으로 생산해서 소비자 개개인의 취향과 관계없이 판매했지만 이제는 소비자의 취향에 따라 다양한 종류의 제품을 소량씩, 큰 비용 부담 없이 생산하는 것이 가능해졌다. 생산자도 혼자서 모든 것을 다 해야 하는 것이 아니기 때문에 비용 부담이 적고, 규모의 경제를 실현해야 할 이유가 없기 때문에 소량생산으로도 생존할 수 있게 된다. 예전에는 수지를 맞출 수 없었기 때문에 이러한 소량 생산 방식 자체가 성립될 수 없었다. 그러나 이제는 상호 연결성으로 인해 불가능했던 것이 가능하게 되었다. 이것이 크리스 엔더슨이 말하는 생산의 롱테일(Long Tail) 법칙이다. 과거와 달리 이제는 중소기업이나 개인들도 제조를 해서 이익을 남길 수 있고 규모는 작지만 강한 소기업들이나 1인 기업들이 주체가 되어 갈 것이라는 의미다. 작은 기업이나 1인 기업들이 매출 규모나 이윤은 적지만 각자 자신만의 아이템과 아이디어로 기업을 영위하는 경우가 많아질 것이다.

많은 사람들이 제조업의 시대는 갔다고 지적한다. 대한민국도 전체 산업에서의 제조업 비중이 점점 더 낮아지고 있다. 그렇다고 해서 제조업이 흔들리는 것은 절대 아니다. 오히려 다시 제조업의 시대가 오고 있다. 바야흐로 제조업의 르네상스 시대가 오고 있는 것이다. 크리스 엔더슨은 그의 책『메이커스(Makers)』에서 이러한 현상을 '제2의 산업혁명'이라고 설명했다. 19세기 영국에서 일어났던 소품종 대량생산의 1차 산업혁명에 빗대 다품종 소량생산 방식의 새로운 제조업 부흥을 일컫는 말이다.

사람들은 무엇인가를 만드는 것을 좋아하는 속성이 있다고 한다. 21세기 개개인의 자유로움과 정체성이 무엇보다도 중요해지는 시점에서 각자의 생각과 아이디어를 실체적인 상품으로 구현해 보고 그것을 창업으로 연결하는 시대가 온 건 분명해 보인다. 혼자 하는 것이 아니라 다양한 사람들과의 협업으로, 위험은 줄이고 부가가치는 높이는 기술과 장치가 마련되어 있다.

　아이디어 하나로 개개인 모두가 제조자가 될 수 있고 기업가가 될 수 있는 시대다. 비록 설익은 아이디어라도 일단 내놓으면 여러 사람의 집단지성(Collective Intelligence)으로 수정되고 보태져서 더 좋은 것으로 승화될 수 있다. 그리고 생산수단과 제조설비를 가진 사람들과 협업으로 멋진 상품을 만들어낼 수 있다.

대한민국 청년, 창업으로 일어서라

03

대한민국 청년이
창업을 해야 하는
7가지 이유

말해두지만 이 책은 창업에 관한 책이 아니다. 대한민국의 미래인 청년들의 답답함을 해소하여 청년들이 글로벌 사회에서 주역으로 당당하게 살아가게 하기 위한 격려와 자신감 회복을 위한 책이다. 프롤로그에서 대한민국 청년들의 답답함에 대해 언급했는데 이러한 청년들의 답답함을 해소하기 위한 가장 유력한 방법이 창업이라고 생각한다. 창업을 자신들의 미래로 선택한다면 청년들이 호소하는 지금의 답답함은 한꺼번에 해결되리라 확신한다.

가슴 뛰게 일할 수 있다

청년들의 답답함에는 열심히 일해 봐야 남의 일이라는 직장생활의 한계가 전제되어 있다. 내가 열심히 해서 성과가 나오더라도 그건 결국 팀의 성과이고 상사의 성과이고 회사의 성과인 경우가 많아서 진정으로 열정을 바쳐야 할 이유를 찾지 못하곤 한다. 또한 취업을 앞둔 청년들의 경우에도 어렵게 취업을 한들, 평생고용이 보장되지 않는 현실에서 인생에 대한 해답을 찾을 수 있을까 하며 불안해한다. 그렇다면 해답은, 내가 내 일을 직접 하는 것이 아닐까.

자신의 일을 직접 하게 되면 우선 일에 대한 모든 것을 책임지게 된다. 잘못되어도 내 책임이다. 좋은 성과가 나와도 오롯이 내 성과다. 모든 것이 내 통제하에 있고 모든 정보를 장악하고 있기 때문에 모든 것이 예측 가능하고 효율적이다. 이런 상황에서 열정이 안 생길 수가 없다. 내가 열심히 한 만큼 얻을 수 있고 게을리 했다면 그만큼 손실이 난다고 생각하면 열정이 생기고 가슴이 뛰지 않을 수 없다. 일이 지루하거나 하기 싫은 상황이 생길 수가 없다. 이런 상황에서는 잠을 못 자도 절대 피곤하지 않을 것이다. 일이 즐거움이고 일이 전부일 것이다. 결국 일이 일이 아니고 놀이가 될 것이다.

원하는 것을 할 수 있다

내 일을 하게 되면 시간적으로, 공간적으로 또는 정보나 자원 면에서도 내가 통제가능하고 내가 계획을 수립, 집행하기 때문에 내가 원하는 방식으로 자유롭게 활용할 수 있다. 누구에게 간섭당하지 않고 내 생활을 주도적으로 살 수 있다. 물론 자신의 일을 한다고 모든 것이 자유로울 수는 없지만 매여 사는 직장인에 비하면 상대적으로 자유롭다고 할 수 있다.

시간적으로 자유롭다는 것은 삶의 질 차원에서는 아주 중요한 요인이 된다. 시간 활용이 자기 의지대로 된다는 것은 하고 싶은 것을 하고 산다는 것과 마찬가지다. 하고 싶은 것을 다 하고 사는 것만큼 행복한 인생이 있을까? 청년들이 사회생활을 이렇게 자유로운 패턴으로 시작한다는 것은 전혀 색다른 경험일 것이다. 보통은 대학을 졸업하고 취업해 다른 사람에 맞춰가며 사회생활을 시작할 텐데 말이다. 자기 일을 하면 자유와 열정을 동시에 가질 수 있다. 내 마음대로 할 수 있는 것이다.

부자가 될 확률이 높다

'세상에 월급쟁이 부자는 없다'는 말이 있다. 직장생활, 월급쟁이 생활만으로는 부자가 될 만큼의 많은 돈을 벌 수 없다. 기업을 운영하는 면에서 보면 종업원들의 월급을 많이 줄 수가 없다. 기업 경영자들이 모이면 하는 말이 있다. "종업원 월급의 가장 적절한 수준은 회사를 그만두지 않을 정도로 최소한으로 줘야 한다"고. 그래서 직장 생활을 하면 매월 고정적으로 일정액을 받을 수는 있지만 절대 많이는 벌 수 없다.

그러나 자기 일을 통해 사업을 하면 돈을 벌 가능성이 직장인보다는 커진다. 물론 실패를 하면 돈을 잃을 수도 있다. 우리 주위를 살펴보면 뭔가 여유가 있고 큰일을 하면서 사는 사람들은 직장인이기보다는 자영업자들인 경우가 많다. 자기 일이고, 자기 통제하에서 경영을 한 결과 일정 수준의 부를 일굴 수 있어서 모든 것이 자기 책임하에 이루어지기 때문에 집중적인 성과를 낼 가능성이 높다.

앞으로 세상은 경제적 부의 비중이 점점 더 커질 것이다. 경제적으로 자유롭고 풍요롭다는 것은 인생에서 큰 만족과 행복감을 가져다줄 수 있다. 사실 요즘엔 모든 것이 돈이다. 꼭 그런 것은 아니겠지만 돈의 위력이 그만큼 크다는 얘기다. 돈에 여유가 있으면 사회적으로 기여할 수도 있고 남을 도울 수도 있으며 무엇보다도 하고 싶은 것을 할 수 있다.

최고의 성취감을 맛볼 수 있다

자기 일을 하면 자기 꿈을 추구할 수 있다. 하고 싶은 것에 도전하고 위험을 무릅쓰고 하기 때문에 엄청난 성취감도 맛볼 수 있다. 창업은 직장인이 되는 것보다 더 힘들고 어려울 수 있지만 그 성취감은 이루 말할 수 없다. 직장인은 어떤 일이 성취가 되더라도 혼자가 아닌 조직의 성과인 만큼 기여도가 분산되어 성취감이 떨어질 수밖에 없다. 그러나 자기 일에서 얻은 성취는 오롯이 자신의 것이다.

인간은 누구나 도전하고 성취하고 싶은 욕구를 갖는다. 도전과 모험을 할 수 있는 상황만 주어진다면 누구나 그 모험에 뛰어들고자 한다. 그런 상황에서는 최선을 다할 수밖에 없고 가진 열정을 다 바칠 수밖에 없다. 그것이 인간 본연의 성질이기 때문이다.

이런 삶에는 어느 정도의 긴장이 늘 따른다. 하지만 이런 모험과 긴장은 인생에서 어느 정도 필요하다. 적절한 수준의 긴장과 모험은 건강한 삶을 위해 반드시 필요하다. 직장인들이 이직을 고려하거나 직장에 불만을 갖는 경우, 월요병을 앓는다. 따지고 보면 건강한 긴장과 목표 의식의 부족에서 오는 경우가 많다. 자기 주도성과 책임성, 도전성, 모험성이 부족해도 비슷한 일이 생긴다.

창업자들은 이런 긴장감과 모험을 통해 하나 더 배우고 더 노력하게 되어 결국 더 커나갈 수 있게 된다. 그래서 창업자들은 매일 성장한다는 말이 있다. 그러나 창업자들에게는 매 순간 새로운 일들이 쏟아지고 해결해야 할 과제나 도전해야 하는 일이 밀려오기 때문에 한시도 안주하고 있을 수는 없다. 어떻게 보면 아주 괴롭다. 그러나 다르게 생각하면 매 순간 배우고 학습하며 용기를 갖는 계기가 되기도 한다. 그래서 일정 기간 창업과정을 거치고 나면 과거와는 아주 다른 자신과 마주하게 되는 것이다.

평생 일할 수 있다

자기 일을 하면 자기 의지대로 안정적으로 일을 할 수 있다. 물론 자기 일을 한다고 해서 오래 일할 수 있다고 단정 지을 수는 없지만 대체적으로 자기가 통제할 수는 있다는 것이다. 직장에 다니면 회사의 상황에 따라 원치 않는 시기에 원치 않는 방법으로 일을 그만둬야 하지만 자기 일을 하면 최소한 그런 불상사는 막을 수 있다. 더구나 대부분 소규모의 전문적인 일을 하게 되는 경우가 많기 때문에 상당한 전문성을 보유하게 된다. 이럴 경우 나이가 많다고 퇴직을 하는 건 아니기 때문에 오래도록 일을 계속할 수 있다. 이제 120세 인생에서 80~90세까지 일해야 하는 세상이 되었다. 노후를 위한 일을 확실히 짜야 한다. 창업이야말로 120세 인생에 대비하는 가장 확실한 대안이 아닐까 싶다.

사회에 기여할 수 있다

스스로 일을 만들고 고용을 하거나 소득을 창출한다는 것은 사회적으로 큰 기여를 하는 것이다. 개인적으로 나만 먹고사는 것이 아니라 사회적 부를 창출하는 것이다. 기업인은 우대 받아

야 한다. 대한민국에서는 기업인이 정치인이나 공무원들의 하수
인 취급을 받곤 하는데 이는 아주 잘못된 관행이다.

또한 기업을 운영해 돈을 축적하게 되면 많은 기여나 기부를 통
한 선순환을 이룰 수 있다. 사회적으로 존경과 신뢰를 얻을 수 있
다. 주위에 이러한 자선이나 기부활동으로 존경을 받는 기업인이
얼마나 많은가! 창업을 한다는 것은 어렵기도 하지만 결국 사회
적으로 큰 기여를 하는 것이다. 단순히 개인적인 부의 창출만 하
는 것이 아니다.

진정한 자신을 발견할 수 있다

창업은 대한민국 청년들의 답답함을 대부분 해소해줄 수 있
다. 우선 수도권 대학 중심의 학벌사회를 극복할 수 있다. 대한
민국 대학 재학생과 졸업생의 절반 이상이 비수도권 대학 출신이
다. 이런 청년들이 갖는 학벌 콤플렉스를 한방에 날릴 수 있다.
왜냐하면 자기 일로 창업을 하면 대학 이름과 상관없이 실력과
열정으로 성과를 낼 수 있기 때문이다.

앞에서도 살펴보았지만 오히려 비수도권 출신 청년들이 훨씬
더 열정적으로 사업에 몰입함으로써 더 좋은 성과를 내는 경우가
많다. 사회생활에서 학교 이름은 전혀 중요하지 않다. 청년들 스
스로가 수도권 대학 출신이 아니라는 혹은 원하는 대학엘 가지

못한 낙오자라는 피해의식에 젖어 있을 뿐이다. 사회는 대학 이름으로 또는 대학 서열로 사는 곳이 아니라는 걸 깨달아야 한다.

더구나 창업사회는 성적 우수자가 아닌 다양한 경험을 많이 했거나 도전과 실패를 해 본 사람들이 훨씬 두각을 나타내는 곳이다.

창업을 통해 좀 더 도전적인 분야에 뛰어들기도 하고, 더 창의적인 분야에 끼를 발산할 수도 있으며, 해보고 싶은 분야를 찾아 해외로까지 나갈 수 있다.

이런저런 도전과 시도를 통해 자신이 진정 무엇을 잘 하는지도 발견할 수 있다. 실패할 수 있겠지만 실패 자체가 문제는 아니다. 또 다시 도전하면 되니까. 가장 중요한 건 창업과 도전을 통해 진정한 자신을 발견한다면 인생의 진정한 즐거움과 행복도 알게 될 거라는 점이다.

창업은
'인생 홀로서기'다

대한민국 사회에서 '창업'이라고 하면 아직도 긍정적 반응보다는 부정적 반응을 보이는 경우가 많다. 창업은 돈이 많이 들고 경쟁자와의 경쟁에서 살아남기가 어려우며 실패하면 인생 자체가 망가지기 때문에 매우 조심해야 하는 일, 잘못하면 큰 코 다치는 일로 여겨지는 경우가 대부분이다.

이런 반응은 창업에 대한 개념의 오류에서 비롯된다. 창업 하면 기술을 바탕으로 한 제조업 창업, 이른바 기술창업을 생각한다. 그러한 창업에는 많은 인력과 자금이 필요하다. 그만큼 시작하기도, 성공하기도 어렵다. 그러나 창업이 반드시 기술창업만을 의미하지는 않는다. 분야에 관계없이 다른 직장에 고용되지 않고 스스로의 일로 벌이를 하고 살아가는 형태의 직업이면 모두 창업이라고 할 수 있다. 반드시 기업을 설립하거나 사업자등록을 하지 않아도 된다. 남을 가르치든, 청소를 하든, 남의 심부름을 하든, 강연을 하든, 글쓰기를 하든 자신이 직접 벌이를 하는 형태의 이른바 '프리랜스형' 직업도 전부 창업이다. 이른바 '자기 실현형 창업'이다. 자신의 특기나 취미, 하고 있던 일을 전문화시키고 사업화시켜 독립하면 그것이 바로 창업이다. 이런 의미에서 본다면 창업은 결국 '홀로서기'다. 기존의 기업이나 공공기관, 학교, 연구소, 가게, 식당 등에서 받는 급여로 살던 '직장인' 생활에서 벗어나 스스로의 일을 만들어 수익을 창출하여 사는 '독립인'이 되는 것이다. 남에게 의지하여 남이 시키는 일을 하면서 살던 삶에서 하고 싶고 노력한 만큼 벌 수 있는 자유롭고 주도적인 삶으로의 전환인 것이다.

창업에 대한 거부반응의 두 번째 이유는 '실패'에 대한 두려움이다. 창업이 실패율이 높은 것은 사실이다. 하지만 이것은 실패의 본질을 오해하는 데서 생겼다고 본다. 실패를 피하려고만 하면 어떻게 새로운 일, 하고 싶은 일, 위대한 일을 할 수 있을까? 실패의 본질은 피하는 게 아니라 극복하는 것이다. 실패는 언제든 할 수 있다. 젊었을 때는 실패를 피하는 것을 배우기보다는 실패를 경험하고 그것을 두려워하지 않는 것을 배워야 한다. 한 살이라도 젊었을 때 창업과 기업가정신을 배워야 한다.

결국 창업은 '내가 하고 싶은 일을 하면서 자유롭게 살아가자'

라는 자유로운 삶의 선언이다. 대부분의 사람들이 학교를 졸업하고 취업을 하고 어느 정도 직장생활을 할 때까지 '원하는 일을 하는 것이 얼마나 중요한 것인가'에 대해 깨닫지 못한다. 많은 사람들이 '학교 졸업→취업→결혼→내 집 마련'과 같은 주어진 공식대로 사는 것에 급급해 있다. 그러다 문득 깨닫고 후회한다. 적성에 안 맞는 일을 억지로 하고 있고, 전망이 불투명한 직장이지만 대안이 없으니 그냥 다녀야 하고, 주어진 일이 많아 개인 시간이 도무지 나지 않는다며 불평하는 자신을 발견하는 것이다. 평생을 보장하지도 않는 직장, 불필요하면 언제든지 해고하는 직장의 비정한 현실이 보이는 것이다.

창업은 대부분의 청년 직장인들이 고민하고 후회하는 것들에 대한 해결책이다. 하고 싶은 일을 내가 주체가 되어 마음껏 해보자는 인생의 대안이다. 삶의 자유를 회복하자는 '자유선언'이다. 창업은 결국 자신의 생존무기를 개발하는 작업이다. 내 인생을 책임질 직장이 없어진 상황에서 내가 '무엇으로 내 인생을 살 것인가'에 대한 응답이다. 청년 직장인의 답답함에 대한 대책으로서의 창업은 결국 '내가 무엇으로 내 인생을 살까'에 대한 대답이 될 것이다. 내가 무엇을 잘 할 수 있을까, 내가 무엇을 하면서 살다가 죽으면 후회 없는 인생이 될까에 대한 궁극적 대안이 바로 창업이다.

창업은
'가슴 뛰는 일'을 하는
과정이다

창업해서 성공으로까지 가는 과정에는 수많은 변수가 작용한다. 그것들을 모두 예측하거나 대비할 수는 없다. 즉 창업 성공을 완벽하게 조정하거나 관리할 수 있는 방법이나 수단, 전략은 없다. 그만큼 창업의 세계는 불확실과 미지로 가득 차 있다. 그러나 창업을 이렇게 불확실하고 두려운 세계로 규정해 버린다면 누구도 창업하지 않을 것이다.

사실 창업을 시도하는 사람들의 이유는 제각각이다. 하지만 성공하지 못하더라도 내가 하고 싶은 일, 내가 주도하는 일, 내가 계획하는 일을 한번 해 보고 싶다는 마음은 공통적으로 갖고 있다. 자기 인생의 의미도 실현해보고, 보람도 느껴보고 운이 좋다면 돈도 벌 수 있고. 물론 많은 사람들이 돈을 벌기 위한 방편으로 뛰어들어 실패를 맛보기도 하지만 말이다.

사람들은 즐기고 놀며 재미있게 살고 싶어 한다. 동시에 인간은 누구나 일을 해야 한다. 인간 삶의 최고 가치는 '행복'과 '즐거움'이어야 한다. 그렇다면 궁극적인 질문은 이것이다.

"어떻게 하면 즐겁고 행복하게 일할 수 있을까?"

이 어렵고 묵직한 질문에 대한 답은 바로 '창업'이다. 왜냐하면 창업은 내가 스스로 선택한 일이고, 내가 하고 싶은 것을 하는 것이기 때문이다. '내 업'을 갖고 '내가 원하는 것'을 선택하고 '내가 통제가능하고 책임질 수 있는 것'을 하는 것이다. 창업은 단순히 생계수단이나 하나의 진로 선택으로써 새로운 업을 만드는 차원이 아니라 삶의 근본적인 목적을 재정의하고 인생가치를 실현하는 중요한 수단이다.

모든 사람은 창업을 해야 한다. 창업을 해야 할 나이나 시기가 정해진 것은 아니다. 어떤 순서가 있는 것도 아니다. 업종이나 방식이 정해진 것도 아니다. 각자의 방식과 업종, 장소와 시기가 있을 뿐이다. 그것을 통해 자기 삶의 의미와 행복과 즐거움을 달성할 수 있다면 말이다.

이제는 창업은 자기 인생을 실현하는 가장 '보편적이고 일상적인 삶의 방식'으로 받아들여야 한다. 이렇게 창업을 이해하면 실패가 문제가 아니다. 실패해도 괜찮다는 것을 쉽게 받아들이고 인정하게 된다. 모든 창업이 큰 성공을 염두에 둘 필요는 없다. 작더라도 자기만의 방식으로 이루어나가면 된다.

이제부터 창업을 다시 보자. 우리 모두 창업을 하자. 그래서 각자 자기의 일을 가지고 만나자. 회사 일이 아니라 자기의 일을 가지고 만나자. 규모가 작아도 좋다. 혼자 해도 좋다. 그 일이 그 사람의 얼굴이자 정체성이다. 최선을 다하지 않을 수 없을 것이다. 왜냐하면 그것이 우리의 인생이기 때문이다. 신나게 하지 않을 수가 없다. 억지로 출근하거나 휴일이 기다려지지 않을 것이다. 오히려 휴일이나 밤에도 쉬지 않고 일할지 모른다. 그럼에도 직장에 다니는 것처럼 힘들지 않을 것이다. 큰 성공을 거두는 사람도 생길 것이다. 소규모의 많은 개인 기업가들이 이 사회의 주류를 이룰 것이다. 그런 날, 이젠 멀지 않았다.

창업,
누구나 한 번은
해야 할 일이다

결국 한 가지 결론에 도달할 수밖에 없다. 청년들 모두는 언젠가는 창업을 해야 한다는 것이다. 청년들은 반드시 창업을 준비해야 한다.

물론 사회 경험이 없고 지식과 경륜이 부족한 청년들이 성공률이 낮은 창업을 잘할 수 있느냐에 대한 우려는 많다. 그러나 청년들에게 창업을 하라고 한다고 해서 학교를 졸업함과 동시에 창업하라는 것은 아니다. 창업은 성공률이 낮은 만큼 준비가 필요하고 다양한 경험과 남다른 다짐도 필요하다. 바로 창업을 하라는 것이 아니라 조만간 창업을 하겠다는 것을 전제로 창업을 준비하라는 의미다. 20대 후반이나 늦어도 30대 초반에는 창업으로 홀로서기를 한다는 걸 전제로 사회생활을 시작해야 한다. 자기 업과 관련된 분야로 취업을 하고, 미래에 하고자 하는 분야와 관련이 있는 기업을 선택해서 훗날 자신의 창업에 도움이 될 수 있도록 해야 한다.

직장인들 역시 창업을 준비해야 한다. 직장을 다니고 있지만, 그 직장을 언제까지 다닐 수 있을지에 대해 불안해하지 않는 직장인은 없다. 직장인들을 대상으로 설문조사한 결과를 보면 직장인들의 가장 큰 고민 중 하나가 미래에 대한 불확실함이었다. 대한민국 직장인들의 평균 퇴직 연령이 53세 정도다. 그리고 이 연령대는 점점 더 낮아지고 있고 최근에는 30대 직원을 대상으로 명예퇴직을 실시하는 대기업도 있다. 그러나 우리의 평균 수명은 점점 더 길어질 것이다. 120세 인생이 코앞에 왔다. 어쨌든 모든 직장인들은 일생에 한번 이상은 창업을 해야 한다는 사실이다. 평생 일할 기회를 주는 직장은 없으니까.

이미 퇴직한 중장년층에게도 창업은 필수다. 정년퇴직이든 명예퇴직이든 아니면 예기치 못한 실직이든, 일단 직장을 그만둔 사람들에게 창업은 가장 절실한 옵션이다. 청년이나 직장인들에 비해 중장년층의 퇴직자들에게는 선택할 수 있는 옵션의 폭이 좁다. 우선 할일을 찾아야 하는데 다시 직장에 들어가기란 무척이나 어렵다. 때문에 이들에게 창업은 당장 시급한 현안이다. 오랜 직장생활로 제대로 할 줄 아는 특기가 없고 어떤 일이라도 닥치는 대로 할 정도의 패기나 용기도 없다. 그렇다보니 모아둔 돈이나 퇴직금으로 요식업이나 프랜차이즈 가맹점을 하게 된다. 이들 중 대다수가 1~2년 만에 폐업한다. 그럼에도 불구하고 이들에게 창업이란 필수적으로 선택해야 하는 것일 수밖에 없다. 아직도 살 날이 많이 남아 있기 때문이다.

가정주부를 포함한 여성들에게도 창업은 필수다. 이 땅의 절반을 차지하는 여성들, 특히 출산·육아 후 경력이 단절된 여성의 가장 큰 관심사는 자기 일을 갖는 것이다. 여성들이 창업에 관심을 갖는 데에는 경제적 이유가 가장 크다. 대한민국의 가정경제에서 가장 큰 골칫거리가 바로 사교육비로, 부부 중 한 사람만의 월급으로는 사교육비를 감당하기 벅차다. 그러나 여성은 출산과 육아로 직장을 그만두는 경우가 많다. 육아와 가정생활을 하면서 다시 무엇인가를 해야 하는 상황인 것이다. 또한 엄마나 아내가 아닌 한 사람으로서 자신의 정체성에 대한 고민도 하게 된다. 그러나 경력이 단절되고 난 후 일자리 구하기란 쉽지 않다. 그래서 많은 주부들이 창업을 꿈꾼다. 작지만 스스로 할 수 있는 일, 노후까지 할 수 있는 자신만의 일을 갖게 되기를 꿈꾼다. 전국의 지자체나 종교단체, 여성단체, 소상공인단체를 중심으로 여성들의 자기 일 갖기, 자기계발 프로그램이 활성화되는 이유다.

노인들도 가장 큰 관심사 중 하나가 자신의 일 갖기다. 다시 말해, 역시 창업이다. 대한민국 65세 이상 노인은 2015년 기준 약

670만 명으로, 전체 인구의 13% 정도다. 앞으로 이 숫자는 기하급수적으로 늘어날 것이다. 동시에 이들의 평균수명도 점점 더 늘어날 것이다. 머지 않아 90세에 육박하고 이어 100세를 향해 달려갈 것이라고 전망된다. 노인 세대들의 가장 큰 문제가 경제생활과 건강이고 그다음이 고독과 무료함이라고 한다. 이러한 문제는 노인들의 사회적 역할과 직접적으로 관련이 있다. 노인들이 할 일을 갖고 있으면 경제적 수입도 보장되고 자기 정체성도 찾게 되어 노인문제의 상당 부분이 해결될 수 있다. 따라서 노인들에게도 자신만의 일을 찾을 수 있는 창업이 큰 관심사가 되고 있다. 물론 노인들의 창업은 젊은 사람들의 창업처럼 큰 수익을 창출하는 데 주목적이 있기보다는 일 자체에 의미를 두고 있는 경우가 많다.

이렇게 보면 창업은 전 국민의 관심사이고 누구나 해야 하는 일이라는 걸 알 수 있다. 사람들이 주체적이고 주도적으로 자신의 인생을 살고자 한다면 언젠가는 창업을 해야 한다. 유럽이나 미국의 경우 이미 자신의 업으로 먹고사는 사람들의 비중이 경제활동인구의 절반을 넘어섰다.

창업 실패,
실패가
아니다

청년들에게 창업이 멀게 느껴지는 건 바로 '실패'에 대한 두려움 때문이다. 창업에서 성공 확률이 기본적으로 낮다는 건 누구나 아는 사실이다. 창업 시장은 경쟁이 치열하고 무한 경쟁의 논리가 지배하는 정글이다. 사업의 성공만을 위해 창업을 생각하면 많은 문제가 발생한다. 따라서 창업의 성공과 실패에 대해 제대로 이해할 필요가 있다.

미국 플로리다에 케네디 스페이스센터가 있다. 이곳이 미국의 다른 우주센터에 비해 유명한 것은 우주선 아틀란티스호가 뜨고 내리는 곳이기 때문이다. 우주왕복선이 발사대를 이륙한 지 얼마 되지 않아서 폭발하는 장면이 텔레비전으로 생중계되었던 곳도 이곳이다. 여기에 가면 당시 폭발했던 우주왕복선 승무원들의 사진과 그들의 소지품들을 모아놓은 추모관 겸 전시실이 있다. 그 입구에 이렇게 쓰여 있다.

"Failure is Not an Option."

미지의 우주를 개척하려는 모험정신과 실패를 감수하는 용기가 없으면 절대 이룰 수 없는 것이 우주탐험이다. 미리 실패를 염려했으면 우주를 향해 한발짝도 나갈 수 없었을 것이다.

"실패는 선택이 아니라 필수다."

이 말에 동의를 할 수는 있다. 하지만 행동으로 옮기기는 쉽지 않다. 자기만의 업으로 독립을 하는 건 우주탐험에 비하면 작은 일인지 모르지만 그만큼이나 불확실하고 누구도 성공을 담보하지 못하는 일이라는 점에서 리스크는 같다.

'실패'가 아니라 '시도'다

창업에서 성공하지 못한 것은 곧 실패라는 생각을 바꾸어야 한다. 사실 성공한 사업 아이디어나 아이템 중에 단번에 성공한 것은 거의 없다고 보는 편이 옳다.

세계 역사를 바꾼 인물 중 한 사람인 발명왕 에디슨은 전구 발명 결과를 발표하는 자리에서 기자가 "2,000번이나 실패를 하면서 전구를 만드는 데 성공하셨는데, 어떻게 그 긴 과정을 참고 극복하셨나요?"라고 질문하자 "2,000번의 실패라니요? 저는 2,000번의 과정(시도)을 거쳐 전구를 발명했을 뿐입니다"라고 대답했다. 에디슨이 등록한 1,093개의 특허는 딱 1,093번을 시도해 발명한 것이 아니라 수백만 번의 실패를 통해 나온 결과인 걸 알아야 한다. 일본 경영계의 신화 같은 존재인 혼다 소이치로도 "내가 지금까지 한 일 중 99%는 실패였다"라고 말했다.

이렇게 본다면 창업에서 실패는 실패가 아니고 시도다. 청년들이 원하는 것, 하고 싶은 것을 해보고자 한다면 실패를 두려워할 것이 아니라 많은 시도를 할 각오를 해야 한다. 창업의 속성이나 성공의 과정을 잘 몰랐다면 지금부터라도 이러한 성공의 이면을 이해해야 한다. 창업에서 발생하는 실패를 실패로 인식하지 않고 시도해보는 것으로 이해할 줄 알아야 한다. 설사 결과가 그다지 만족스럽지 못하거나 실패로 끝날지라도 그 경험은 자신을 성숙하게 만들어줄 것이다. 실패가 무서워 시도하지 않으면 절대 어떤 목표에도 이르지 못할 것이다.

'성공'이 아니라 '즐거움'을 추구해라

성공만을 위해, 돈을 벌기 위해 창업에 뛰어드는 일은 아주 위험하다. 창업이란 건 사실 예측불허의 연속이고 결과는 누구도 보장할 수 없다. 그렇다면 어떻게 해야 할까?

창업의 목적을 결과가 아닌 과정에 두어야 한다. 결과는 아무도 장담할 수 없는 것이다. 따라서 과정을 즐기고 거기에서 보람을 찾아야 한다. 창업은 자신이 좋아하는 일을 실현시키기 위한 과정이다. 사람은 자신이 좋아하는 일을 할 때 최고의 몰입을 하게 되고 최고의 성과를 낼 수 있다. 이 과정에서 행복과 즐거움을 느끼는 자신을 발견하게 되고 자연스럽게 좋은 결과를 내기 위해 최선을 다하게 된다. 이렇게 되면 설령 원하는 결과가 나오지 않더라도 패배감이나 후회가 없다. 또 다시 시도하고 시도해 궁극적으로는 성공을 향해 다가가려 할 것이다.

다시 강조하지만 창업을 생각할 때 성공에 지나치게 집착하는 일은 경계해야 한다. 물론 성공이라는 결과를 향해 나아가야 하겠지만 그것이 전제가 되면 창업 시도 자체가 어려워진다. 때문에 우선 큰 부담 없는 선에서 창업을 시작하는 것이 좋은 방법이다.

청년들이 젊은 열정으로 자기 분야에서 즐기는 일을 통해 최고의 결과를 연출할 수 있기를 바란다. 청년들이 창업을 시작하고 각자가 신나는 끼와 열정으로 자기만의 일을 찾는 과정 자체를 즐기기를 희망한다. 그렇다면 결과는 자연스럽게 좋을 거라 생각한다. 그 과정에서 오는 열정과 가슴 뜀, 희망과 꿈을 놓치지 말기를 기대한다.

실패를 해야 얻는다

최근 만난 한 청년 창업가는 "창업은 배우는 것이 너무 많아서 일정 기간이 지나고 나니 마치 40대 기업경영자가 된 느낌이 든다"고 말했다. 그는 직장에 들어가서 종업원으로 살았으면 얻거나 경험하지 못했을 엄청난 것을 단기간에 배웠다고 했다.

창업을 해서 비록 실패를 하더라도 얻는 것이 많다. 실패를 통해서 완성에 가까이 갈 수 있기 때문이다. 실패가 없었다는 것은 시도 자체가 없었다는 걸 의미한다. 시도해야만 얻을 수 있고 문제점을 발견할 수 있으며 고칠 수가 있다. 혼다 소이치로는 "나의 현재가 성공이라면 그것은 과거의 실패를 토대로 하여 이루어진 것이다. 모든 성공은 실패의 연속선상에 있다"라고 말했다.

빅히트 상품이었던 아이보리(Ivory) 비누도 실패에서 탄생한 것이다. 원료 혼합과정에서 실수로 공기가 많이 들어가게 되어 물에 뜨게 된 이 비누는, 욕조에 빠트려도 바닥에 가라앉지 않아 더듬거리며 찾지 않아도 된다는 이유로 오히려 큰 인기를 얻게 되었다. 거기에 당시에는 드물게 이름처럼 상아색의 순수한 이미지와 불순물이 다른 비누에 비해서 월등히 적은 점을 강조해 오랫동안 명성을 유지했다.

실패를 두려워하면 아무것도 할 것이 없다

애플의 창업자 스티브 잡스는 유명한 말을 남겼다.

"여러분은 과거를 뒤돌아 봤을 때 비로소 점들을 연결할 수 있을 것이다. 그러므로 모든 점들은 당신의 미래와 어떻게든 연결된다는 것을 믿어야 한다. 본능, 삶, 운명, 업보 등 무엇이든 간에 점들이 연결되어 결국 하나의 길을 이루게 될 것이다. 그렇다면 여러분은 가슴이 움직이는 대로 따르게 될 것이다. 설사 여러분의 마음을 따르는 것이 잘 닦여진 길에서 벗어나더라도 여러분은 인생에 변화를 가지게 될 것이다."

이것저것 할까 말까를 결정할 때 망설이고 주저하게 되지만, 그렇게 하지 말라는 것이 스티브 잡스가 한 말의 핵심이다. 모든 것은 유용한 경험이 될 수 있고 예측하지 못했던 곳에서 미래의 귀중한 자산이나 인연으로 연결될 수 있으니 하고 싶은 것, 가슴으로 끌리는 것이 있으면 과감하게 저지르라는 것이다. 실패나 실수를 두려워하지 말고.

지나치게 실패를 두려워하는 것은 어떤 의미에서는 실패하는 것보다 더 나쁘다. 청년들은 창업을 시도함에 있어서 실패나 주위의 눈치가 두려워 주저하지 말고 과감하게 시도하고 나서야 한다. 저지른 만큼 배움이 커지기 때문이다.

일을 많이 하는 사람은 실패를 많이 하게 되어 있다. 실패가 두려운 사람은 아무 일도 못하게 된다. 실패가 없는 사람은 역설적으로 아무 일도 하지 않은 사람과 동일시된다. 창업과 같이 자신의 일을 개발하여 새로운 일로 독립하려는 사람들은 도전정신,

모험정신이 없으면 불가능하다. 실패를 당연한 일로 여기고 덤비지 않으면 불가능한 일이 창업이다.

실패를 준비하자

그렇다고 실패를 너무 가벼이 보고 아무 대책 없이 실패를 해서는 안 된다. 실패를 할 수 있다는 것을 당연하게 여기되, 실패의 결과에 대해 사전에 예측을 하고 그 대안과 대책을 가져야 한다. 어떤 준비나 대책 없이 실패를 하면 평생 고생하고 집안을 망하게 하는 결과를 초래할 수 있다. 실패를 두려워하지 말되 실패를 준비하자. 물론 시작하면서 실패를 대비한다는 것이 어폐가 있을지 모르지만 실패로 인한 충격을 최소화하기 위해서는 꼭 필요한 일이다.

인생을 살면서 실패나 실수의 가능성이 없는 일이 얼마나 있는가? 실패의 가능성이 없다면 일의 가치가 아주 낮거나 아무도 하지 않으려는 일일 것이다. 도전의 가치가 높은 일일수록 실패의 가능성도 높다. 도전하고 시도하자. 그 자체로 가치가 있고 인생의 의미가 있다. 시도하고 실패하고 극복하는 그 과정이 인생이고 행복으로 향하는 길이다.

돈 없이
창업해라

창업을 떠올리면 가장 먼저 생각나는 건 '돈'이다. 당연하다. 창업을 하려면 무엇보다도 자금이 필요하다. 그래서 대부분의 사람들이 다른 어떤 것보다 돈이 중요하다고 생각한다. 창업에서 망하면 돈이 부족해 망한 거라고 생각하는 것도 그 때문이다.

하지만 창업의 개념도 시대가 바뀌면서 변했다. 돈이 덜 드는 가벼운 창업으로 바뀌어 가고 있는 것이다. 한때 벤처기업을 창업했던 이민화 씨는 지금까지의 돈 드는 창업을 '무거운 창업' 그리고 앞으로 펼쳐질 돈이 덜 드는 창업을 '가벼운 창업'이라고 설명했다.

"과거 창업자는 연구·개발, 생산, 품질, 유통, 서비스, 관리 등 모든 분야의 팔방미인이 되어야 했다. 개발과 생산설비에 상당한 투자도 필요했다. 한마디로 '무거운 창업'이었다. 일단 창업을 하면 후퇴는 죽음이기에 목숨 걸고 사업에 도전했다. 그리고 많은 기업가들이 장렬하게 전사했다. 과거의 창업은 이렇게 무거웠다."

이제는 창업이라고 해서 과거와 같이 공장을 짓고 기술 개발부터 생산, 판매까지 전 과정을 다 해야 하는 경우는 드물다. 창업 과정별로, 분야별로 잘하는 전문기업이나 기관이 있어서 창업자는 잘할 줄 아는 한 가지만 수행하고 다른 것은 그것을 최고로 잘하는 기업에 의뢰하면 된다. 지금은 창업에 대한 인프라가 잘 갖추어지고 사회 시스템이나 국가지원제도도 발달해 있다. 지나치게 많다 싶을 정도로 잘 구비되어 있다.

전문 용어로 사회, 국가적 '창업 생태계'가 잘 발달해 있다. 창업에 필요한 기능이나 시스템, 자원, 인력들이 주위에 갖추어져 있어 아이템만 좋으면, 심지어는 자금도 걱정할 필요가 없을 정도로 창업은 과거보다 수월해졌다. 창업에서 제일 중요하다고 했던 자금의 경우, 과거에는 주로 은행에서 융자를 받아 이자를 갚아나가는 형태였지만 지금은 대부분 회사 지분을 대가로 자금을 투자하는, 이자가 필요 없는 형태의 자금조달이 일반화되었다.

온라인으로 필요한 창업자금을 조달하는 '크라우드 펀딩'이라는 제도도 2016년 1월부터 정식으로 도입되었다. 크라우드 펀딩은 말 그대로 대중을 대상으로 자금을 모을 수 있는 제도인데, 창업자가 인터넷 사이트를 통해 자신의 사업을 소개하면, 대중들은 인터넷을 통해 사업내용을 보고 원하는 금액을 투자한다. 이 제도는 지금까지 금융기관이나 투자회사 등에는 아예 접근도 못했던 영세 창업자들에게 자금을 조달할 수 있는 강력한 수단이 되고 있다. 더구나 인터넷 사이트에 사업모델을 노출시킴으로써 사전에 대중들에게 홍보를 하거나 검증받을 수 있는 효과까지 기대할 수 있어서 일석이조의 기회가 되기도 한다.

세계에서 창업이 가장 활발하게 이루어지는 곳인 미국의 실리콘밸리에서는 한국의 예비창업자만큼 창업을 두려워하거나 위험하게 여기지 않는다. 창업자가 자신의 아이템만 잘 다듬으면 다른 것을 크게 신경 쓰지 않아도 되기 때문이다. 투자자가 돈을 가지고 오고, 기술 전문기업에서는 생산을 해주겠다고 찾아오고, 판매나 마케팅 전문기업은 팔아주겠다고 오고, 경영 컨설턴트들은 경영을 도와주겠다고 찾아오니까 말이다. 한마디로 창업 생태계가 잘 발달되어 있어 이곳에서의 창업은 개인이 아닌 생태계가 하는 것이다.

대한민국의 경우 중앙정부와 지방정부에서 창업 안내나 지원을 거의 무료로 제공하고 있다. 중소기업청을 중심으로 분야별로 각 부처가 다양한 창업 지원 프로그램이나 자금을 지원해준다.

창업진흥원이나 소상공인시장진흥공단과 같은 창업 지원 전문 공공기관에서는 창업에 관한 단순한 지식에서부터 정보, 법률, 컨설팅, 기술평가, 자금 지원, 인력, 특허 등 지식재산권, 회사 설립 절차, 심지어는 온라인상에서 회사 설립을 가능하게 하는 제도까지 구비하고 있다.

더구나 지금은 IT, 모바일, SNS의 발달로 창업에 필요한 기능을 과거보다 훨씬 빠른 속도로, 게다가 무료로 이용할 수 있게 되어 있다. 창업 아이디어만 있으면 유튜브나 SNS로 홍보하고, 심지어는 판매까지 무료로 가능하다. 무료로 온라인 쇼핑몰을 개설하거나 무료로 블로그를 만들어 판매하고 온라인에서 무료 결재도 가능하다.

창업 아이디어만 매력적이면 같이 동업이나 협업을 하는 사례도 아주 많아지고 있다. 각자가 가진 것을 모아서 하나의 기업을 만든다는 생각으로 협업을 하고 동업을 하면 창업에 대한 부담을 분담할 수 있고 위험이나 불확실성도 그만큼 줄일 수 있다.

최근 창업의 실패로부터 피해를 최소화하는 기법의 하나로 린 스타트업(Lean Startup)이 부각되고 있다. 제품이나 서비스를 오랜 시간을 들여 완벽하게 만든 다음에 시장에 출시하는 것이 아니라 어느 정도의 시제품만 완성되면 바로 출시하여 시장의 반응을 봐가면서 제품을 계속 수정해나가는 과정을 거쳐 완벽하게 만들어나가는 형태의 창업 방식이다. 완벽하게 만드는 데 필요한 막대한 시간과 비용 때문에 창업에 실패하면 그 비용부담이 엄청났던 건 이젠 옛말이다. 그러한 부담을 줄이기 위해 시제품의 상태에서 바로 고객에게 전달되어 직접 고객의 의견을 듣고 고객의 욕구에 맞는 제품을 빨리 만들자는 의도에서 비롯된 것이 린스타트업이다.

지금은 과거와 같이 창업자 한 사람이 모든 것을 책임지고 위험을 감수해야 하는 시대가 아니다. 창업에 관한 각종 지원 시스템이 넘쳐나고 생각보다 초기자본도 많이 들지 않는다. 돈이 좀 든다고 하더라도 이제는 혼자 돈을 전부 구해야 하는 책임도 없어졌다. 투자자를 구해서 책임을 분산하고 이익을 공유하면 된다. 그만큼 창업은 수월해졌다. 창업해서 망한다 하더라도 신용불량자가 되거나 다시는 일어설 수 없을 상황에 처하지 않을 방법도 얼마든지 있다. 망해도 다시 시작할 수 있는 여건이 어느 정도 마련되어 있다. 창업, 생각만큼 어렵지 않다.

Steve Jobs Bill Gates

Lei Jun

Steve Chen

Oprah Winfrey

MI — Blake Mycoskie

Martha Stewart Microsoft

자신의 업을 만드는 11가지 EnTREPRENEUR 법칙

04

누구라도
자신만의 업을
만들 수 있다

많은 청년들이 일을 하고 싶어도 일할 수 없는 시대에 살고 있다. 이러한 상황은 앞으로 더욱 더 악화될 거라고 전문가들은 예측한다. 고용의 시대는 끝났기 때문이다. 하지만 인간은 일을 통해서 자신을 실현하는 존재다. 동시에 인간은 즐겁고 행복하게 살고 싶어 한다. 한평생을 살아야 하는데 무슨 일을 어떻게 해야 즐겁고 행복할 수 있을까?

하고 싶은 일을 선택해 열정적으로 도전해라. 일자리가 없다고 고민할 필요 없다. 지금은 누구나 손쉽게 자신의 일을 만들고 영위해 나갈 수 있는 시대다.

이번 장에서는 창업에 성공한 사람들의 실제 사례들을 통해 청년들 누구나 자신만의 업을 성공적으로 가질 수 있다는 것을 확인해 보고자 한다. 다음의 11가지 '앙트러프러너(EnTREPRENEUR)

법칙'을 적용하면 누구든 자신의 업을 발견할 수 있다. '앙트러프러너 법칙', 다시 말해 '창업가의 법칙'이다.

1. EN(Engage) : 공유의 법칙

2. T(Together) : 광장의 법칙

3. R(Resemble) : 모방의 법칙

4. E(Expertize and Professionalize) : 전문화의 법칙

5. P(Prefer) : 몰입의 법칙

6. R(Resolve Problems) : 문제해결의 법칙

7. E(E-World) : 온라인의 법칙

8. N(Network) : 연결의 법칙

9. E(Eye Catching Issues) : 트렌드의 법칙

10. U(Universal) : 글로벌의 법칙

11. R(Rescue) : 자선의 법칙

공유의 법칙
Engage

1995년 어느 날 프랑스 태생의 이란계 미국인 컴퓨터 프로그래머 피에르 오미다이어(Pierre Omidyar)는 취미로 개설해서 운영하던 온라인 사이트에 자신이 쓰던 망가진 레이저 포인트를 판매하겠다고 올렸다. 사실 망가진 포인터를 올린 것은 돈이 아니라 그냥 호기심 때문이었다. 그러나 곧이어 이 망가진 포인터를 사겠다는 사람으로부터 연락이 왔다. 예상치 못한 반응에 놀란 오미다이어는 구매희망자에게 연락해 "이 레이저 포인트가 망가졌다는 걸 알고 있는 겁니까"라고 물었다. 그랬더니 "나는 망가진 레이저 포인터를 수집하는 사람입니다"라는 의외의 답이 돌아왔다. 그 망가진 포인터는 14.83달러에 판매되었다.

오미다이어는 여기에서 영감을 얻어 이 사이트(Auction Web)를 중고품 중개 사이트로 만들어 사람들이 원하는 물품을 사고 팔 수 있게 했다. 이것이 오늘날 전자상거래(E-commerce)의 시초이자 중고거래 사이트의 시초인 이베이(e-Bay)다. 그 후 거래 대상을 수집품에서 판매 가능한 물건으로까지 제품을 확장하면서 사업은 빠르게 성장했고 세계 최대의 전자상거래 사이트가 되었다. 지금은 사람들이 자신이 갖고 있는 것을 되팔거나 활용하여 돈을 버는 시대다. 신품은 물론이고 중고품도 활발하게 거래한다.

2007년 10월 미국에서 디자인 스쿨을 졸업한 3명의 젊은이가 성공을 위해 벤처와 창업의 본고장 샌프란시스코로 갔다. 그러나 현실은 생각만큼 녹록치 않았다. 월세조차 내지 못할 정도로 돈에 쪼들렸고 사업도 마음 같지 않았다. 그러던 어느 날 근처에서 열리는 대형 디자인 컨퍼런스에 참가했다가 숙소를 구하지 못한 사람들을 만나면서 자신들의 거실을 그들에게 빌려주게 되었다. 그들은 잠자리뿐 아니라 아침식사, 비즈니스 인맥까지 알선해 주었다. 사흘 뒤 이들은 친구가 되었고 소정의 숙박료도 받게 되었다. 이것이 창업의 아이디어가 되어 그들은 사람들이 소유한 빈 공간을 숙소로 임대하도록 연결해주는 비즈니스를 하기로 결심했다. 이것이 오늘날 유명해진 숙박 공유 서비스 기업 에어비앤비(Airbnb)이다. 네이선 블레차르지크, 브라이언 체스키, 조 게비아가 바로 그 창업자들이다.

에어비앤비는 개인들의 집을 포함해 별장, 성(城), 보트하우스, 심지어 방까지, 사람이 지낼 수 있는 모든 공간을 인터넷을 통해 숙소로 거래할 수 있게 한 장터다. 현재 전 세계 192개국에 위치한 3만 5,000여 개의 도시에 30만 개 이상의 숙소가 등록되어 있고 80%가 빈 방이 아닌 실제 주거용 공간이라고 한다. 2초당 1건씩 숙박 예약이 되고 있으며 400만 명이 넘는 여행객이 이 서비스를 이용하고 있다. 에어비앤비는 집주인에게는 거래액의 3%, 숙박객에게는 6~12%의 수수료를 받아 운영한다. 그럼에도 불구하고 숙박요금은 호텔보다 21~50% 정도 싸다. 그래서 여행객들은 한곳에서 더 오래 머물며 더 많은 돈을 쓰게 된다. 집주인들은 1년에 평균 58일 정도 임대를 하고 평균 9,300달러를 번다고 한다.

에어비앤비의 성공 비결은 값싼 숙박을 원하는 여행자와 남는 방을 대여해 소득을 올리고 싶어 하는 집주인의 요구를 동시에 해결해준 데 있다. 창업자 중 한 사람인 게비아는 "세상을 보고 싶으면 에어비앤비에서 주인장이 되어 보라는 말이 있다"며 "집주인이 단순히 금전적인 이유로 빈 방을 대여하는 것이 아니라 자기 집을 찾은 외국 여행객을 통해 더 넓은 세계와 만나는 기회로 만드는 것"이라고 말했다.

대한민국에도 진출해서 영업을 하고 있는 에어비앤비는 공유경제의 대표적 사례다. 사람들이 갖고 있는 자산(유휴 공간)을 필요로 하는 사람들에게 일시적으로 사용하게 함으로써 일정의 수익도 창출하고 사람들에게는 필요한 서비스를 저렴하게 이용하게 하는 기발한 비즈니스다. 동시에 모든 사람들이 비즈니스의 주체자로, 사업자로 나설 수 있는 토대를 마련하고 동시에 소비자로 나서는 프로슈머(Prosumer) 역할을 하게 하는 일석이조의 수단이다.

이와 비슷한 공유경제를 실현하고자 하는 비즈니스 모델이 있다. 바로 차량을 공유하는 이른바 카셰어링(Car Sharing) 서비스다. 차량이 사용되지 않는 시간에 인근에 있는 사용 희망자가 차량을 이용하고 소정의 요금을 내는 일종의 시간제 차량 이용서비스로, 현재 가장 핫한 기업은 미국에서 2000년에 창업한 집카(Zipcar)이다. 소유하고 있는 차량을 사용하지 않는 시간에 다른 사용자에게 빌려줌으로써 유휴 자산을 활용하는 비즈니스 모델이다. 창업한 지 11년만인 2011년, 나스닥에 상장하여 1조 원이 넘는 회사 가치를 보유하게 되었다.

재미있게도 창업자 로빈 체이스와 안처 다니엘슨은 딸과 아들을 매일 아침 유치원에 데려다 주다가 만나서 친구가 되었다. 체이스는 아이를 키우기 위해 일을 그만둔 엄마였고, 다니엘슨은 다섯 살 난 아들을 둔 하버드대 연구원이었다. 1999년, 독일 출신의 다니엘슨은 교통과 관련된 리서치를 하던 중 당시 스위스와 독일 등에서 유행하던 '자동차 공유'라는 서비스를 미국에서 시작해보자는 아이디어를 생각해냈고, 이를 친구였던 체이스에게 이야기했다. 체이스는 1986년에 MIT에서 MBA를 마치고 컨설팅 회사와 학교 교직원을 거쳐 과학 잡지의 편집장으로 일했다. 그런데 10살도 안 된 아이를 셋이나 기르면서 맞벌이 부부로 일하는 게 너무 힘들어 전업주부로 지내고 있었다. 사업을 시작한 2000년에 44살이었지만, 언젠가 자신의 사업을 하고 싶다고 생각하고 있던 체이스는 다니엘슨의 아이디어를 즉각 받아들였다.

국내에서도 2011년부터 '그린카(Green Car)'라는 차량 공유 서비스가 시작되었다. 2014년 말 기준 1,860여 대가 서비스되고 있었고, 51만여 명이 이용자로 등록하여 미국보다 더 빠른 속도로 성장했다. 최근에는 국내 대기업 렌트카 회사에 인수되어 지속적인 성장의 발판을 마련했다.

이미 가지고 있는 자산이나 수단을 자신의 업으로 전환하는 공유경제 메커니즘은 그 가치와 종류에 따라 무한대로 확장해서 생각할 수 있다.

우선 시골에서 농지나 농가를 보유하고 있다면 이 또한 얼마든지 공유경제에 뛰어들 수 있는 조건이다. 대표적인 것이 주말농장이나 텃밭 가꾸기 서비스이다. 도시 사람들에게 일정한 토지나 주택, 부지를 휴양이나 체험 공간으로 공유하게 한다면 완벽한 수익 창출 수단이 될 수 있다. 특히 최근 도시에서도 자연 친화적인 풍조나 수요가 점점 증가하고 있다. 이런 추세를 감안한다면 자신들이 이미 가지고 있는 공간이나 위치, 특수 여건을 비즈니스 기회로 전환해 사업의 출발점으로 삼을 수 있을 것이다.

기기나 장치, 시설을 보유하고 있다면 역시 대여나 리스를 생각할 수 있을 것이다. 사무기기 대여도 이미 대중사업이 되어 있다. 고가이거나 희귀한 장치인 경우 자주 사용하지 않는 사람들은 구입을 망설일 수밖에 없다. 그런 장비나 시설을 소유했다면 이것을 이용해 자신의 업을 개발할 수도 있다. 물론 대여 서비스와 함께 수선이나 유지 서비스가 가능하다면 훨씬 더 나은 비즈니스 모델이 될 것이다.

한발 더 나아가 옷이나 장난감 대여 서비스도 가능하다. 심지어는 여성들의 액세서리까지도 대여해주는 곳이 있다. 그리고 보유하고 있지는 않지만 쉽게 구할 수 있는 자원을 구해서 다른 용도로 재활용하는 것도 좋은 비즈니스 창출이 될 수 있다.

에어비앤비 창업자 체스키는 공유경제 개념을 확대하여 차를 나눠 타는 것(Ride Sharing) 외에 차를 빌려주는 것(General Car Sharing), 오피스 공간이나 주차(Parking) 공간, 신선한 음식

(Freshly Prepared Food), 애완견 관련 비앤비 서비스 같은 것도 엄청난 시장 가능성을 가지고 있다고 귀띔하고 있다.

결론적으로 다른 수단이나 방법으로 내 업을 개발하기가 마땅치 않다면 지금 가지고 있는 것 중 자산이 될 만한 것을 찾아보자. 나 자신이 사용하지 않는 시간을 이용해 이 자산을 남에게 빌려주는 것을 생각해보자. 이미 보유하고 있는 것이기 때문에 추가적으로 드는 비용은 없을 것이다. 수익도 생기고, 사람들도 만나고, 외부와 소통도 하게 된다. 꿩 먹고 알 먹는, 이른바 공유경제(Sharing Economy)다.

광장의 법칙
Together

스스로 자신의 업을 개발할 만한 특기나 아이디어가 없다면 어떻게 할 것인가? 그래도 방법은 있다. 사람들을 모을 수 있는 이야기나 아이디어, 기술, 아니 어떤 무언가라도 있다면 그것을 활용해 사람을 모아보자.

지금은 모르는 사람이 거의 없을 정도로 유명해진 세계 최대의 인맥 서비스 페이스북 이야기다. 2004년 페이스북을 창업할 때 창업자는 겨우 19세의 하버드대 학생이었다. 미국의 경우 새 학기가 시작되면 보통 새로 만난 친구들을 알기 위해 동급생 명단을 작성해 서로 돌리곤 하는데, 이것을 페이스북이라고 한다. 마크 저커버그는 이 명단을 보면서 자신의 학과 명단뿐만 아니라 학년 전체 명단, 더 나아가 학교 전체의 명단을 만들면 좋겠다는 생각을 하게 됐다. 그리고 나중에는 그 명단의 대상을 다른 학교로 확대해 미국 동부, 즉 아이비리그 대학으로 확대해 작성했고 이들이 서로 공유하고 소통할 수 있도록 일종의 '학생 사이트'를 만들었다. 이것이 활성화되었고, 2년 후 일반인들도 참여하는 사이트로 확대하게 된다.

대학생 한 사람이 친구들과 서로 소통하기 위해 만들었던 이 사이트에 오늘날 전 세계적으로 13억 명의 사람들이 모인다. 마크 저커버그가 이 사이트에서 돈을 벌기 위해 사람들을 모은 것은 아니었다. 그냥 사람들이 필요할 것이라 생각하여 이 사이트를 만들었을 뿐이다. 그런데 결론적으로 이 사이트는 창업자를 부자로 만들었다.

페이스북의 기업 가치는 약 400조 원에 달한다. 사람들은 이 사이트를 공짜로 이용한다. 사이트 개설 초기에는 수익이 없어 사이트 운영이 어렵다고 야단이었는데 지금은 걱정 없다. 오히려 돈이 넘친다. 무엇을 통해 돈을 버는가? 수익의 70% 이상이 광고 수익이다. 사람들이 모인 결과다. 사고 팔 것은 없지만 이 사이트에 사람들이 모이니 광고효과가 생겼다. 사람들이 모이니까 돈이 되는 것이다.

비슷한 비즈니스 모델로 미국의 구글과 한국의 네이버를 들 수 있다. 검색을 하는 사이트지만 검색하는 사람들에게 비용을 요구하지는 않는다. 비용을 요구하지 않고 무엇이든지 물어볼 수 있으니 사람들이 모인다. 사람들이 모이니까 돈을 벌 수 있는 방법이 많아졌다. 역시 광고다. 구글도 수익의 95% 이상을 광고에서 올린다. 그 수익으로 인공위성, 생명공학, 무인자동차까지 확장하고 있다.

인터넷시대에 블로그로 유명해지거나 돈을 버는 사람들이 많이 생겨났다. 블로그는 개인이 누구나 만들어서 자신의 이야기나 경험, 특기나 취미, 아니면 단순한 신변잡기를 올려서 다른 사람들과 공유하는 온라인 공간이다. 이 공간에 비슷한 생각을 하는 사람들이 모인다. 음식, 기술, 여행, 음악, 바둑, 낚시, 뜨개질, 책, 패션, 악기, 미술, 운동, 자동차, 사진, 글쓰기, 스피치, 강연, 게임, 봉사 등 어떤 주제든 블로그가 개설되어 운영되고 있다. 여기에는 청소년부터 가정주부, 직장인, 학생, 중년층 등 남녀노소 누구나 활동하고 있다.

이러한 블로그 중에 구독자나 방문자가 몇 천 명 심지어는 몇만 명씩이나 되는, 이른바 파워 블로거들이 있다. 특별한 이야깃거리가 있거나 한 분야의 특별한 기술이 있거나 아니면 이야기를 아주 재미있게 풀어내거나 책이나 지식을 잘 정리해서 알려주는 사람들이다. 이 사이트를 비즈니스나 사업으로 시작한 건 아니지만 이러한 유명 사이트를 개설해 운영하는 사람들은 경제적 수익을 올리고 있다. 방문자들이 많은 사이트는 웬만한 직장인들보다 훨씬 더 많은 수익을 창출한다고 한다. 다음은 KBS TV 뉴스에 보도되었던 내용이다.

블로그나 카페를 통해 수익을 내는 파워 블로거의 정확한 수입이 공개된 적은 없다. 음성적으로 이뤄지는 '지하 경제'이다 보니, 정확히 추산을 하기 어렵다는 분석이 많다. 다만 광고대행사 관계자와 2011년 파워 블로거에 대한 공정위 자료를 살펴보면 대략 가늠해 볼 수 있긴 하다. 파워 블로거의 수입은 대체로 세 가지를 통해 확보된다. 첫째는 포스팅(글) 작성, 공동구매 등 이벤트, 블로그 광고 수입 등이 대표적이다. 공정위로부터 제재 받은 이들 파워 블로거는 포스팅과 공동구매를 통한 수입이 많은 것으로 보인다. 당시 공정위의 자료를 보면, 이들 파워 블로거는 공동구매 판매실적의 2~10%를 수수료로 받았다. 아울러 포스팅 작성도 포함됐다. 이렇게 해서 파워 블로거 B씨는 6개 업체에서 7억 6,500여만 원, C씨와 D씨는 각각 12개 업체에서 1억 3,600여만 원, 19개 업체에서 5,500여만 원을 받았다.

이들이 이렇게 큰돈을 만질 수 있었던 건, 하루 수만 명이 방문할 정도의 막강한 블로그를 운영하고 있었기 때문이다. 이들도 초창기엔 일상생활의 소소한 글을 올리는 것으로 블로그를 시작했지만, 점차 영향력이 확대되면서 블로그를 수익 도구로 활용한 셈이다. 한 광고대행사 관계자는 "방문자 수, 포스팅 수 등에 따라 블로그를 등급별로 나눈 뒤, 이들 블로거와 접촉한다"며 "당시 공정위의 제재를 받은 블로거는 거의 최상위 그룹이라고 보면 된다"고 설명했다.

블로그를 돈을 벌려고 시작한 것은 아니지만 결과적으로 사람들이 모이면서 모인 사람들을 대상으로 수익 모델이 창출되었고 자연스럽게 돈을 버는 수단이 생긴 것이다.

책에 나오는 유명한 구절이나 시의 한 구절을 인용하여 사람들에게 편지를 매일 보내면서 유명해진 사람도 있다. '고도원의 아침편지'의 주인공 고도원 씨다. 그는 일간지 기자생활을 거쳐 청와대 대통령 연설문 담당을 하면서 글쓰기는 어느 정도 능력을 인정받았다. 하지만 그는 자신의 글보다는 다른 사람의 글 중에 공감하기 쉬운 짧은 글귀를 보내 주기 시작했다. 입소문을 타고 이 글을 받아보겠다는 사람이 늘어났고, 지금은 무려 300여만 명의 사람들이 매일 이 짧은 편지를 구독한다.

사람들이 모이자, 여러 가지 사업과 프로그램을 운용할 수 있게 되었다. 간단한 교육, 체험 프로그램에서 여행 프로그램, 치유 프로그램까지 다양하게 만들어 수익을 올리고 있는 것이다. 사람이 모이면 일이 된다라는 걸 증명하는 또 하나의 사례가 있다.

공정거래위원회에서 근무하던 이경만 씨는 지식비타민이라는 이름의 사이트를 개설해 운영한다. 중소기업인들이 필요로 하는 경영정보나 소식들을 신문이나 잡지 등에서 발췌해서 보내주는 일을 10년 넘게 하고 있는 중이다.

퇴직 후 이경만 씨는 이 구독자들을 돕고 중소기업의 애로를 해소하는 일을 하기 위해 '공정거래연구소'를 개업했다. 그리고 그 동안 전달했던 내용들을 엮어서 책으로도 펴냈다.

스마트폰에 카메라 기능이 탑재되면서 사람들이 하는 가장 흔한 일 중의 하나가 사진 찍기다. 동시에 찍은 사진을 어떻게 주고 받고 공유하는가도 큰 관심사였다. 이처럼 친구들과 찍은 사진을 어떻게 공유할까를 고민하다가 만들어진 사이트가 바로 인스타그램(Instagram)이다. 처음에는 친구들끼리만 공유하다가 다른 사람들을 초청하면서 확대되어 지금은 전 세계 4,000만 명이 자신들의 사진을 공유하고 있다. 사진을 올리고 공유하는 사이트에 사람들이 모이면서 다양한 비즈니스가 생기기 시작했다. 광고는 기본이다. 수익이 발생하면서 회사 가치가 6조 원까지 올라가더니 결국에는 페이스북에 인수되었다.

지금까지의 다양한 사례가 보여주는 건 결국 사람이 모이면 돈이 된다는 것이다. 사람이 모이는 것 자체는 돈이 되지 않지만 사람이 모이면 시장이 형성된다.

내 일을 개발하기 위해서는 당장 수익이 생기지 않아도 좋으니 일단 사람을 모을 수 있는 방법을 찾아보자. 나만이 할 수 있는 이야기, 내가 읽은 책, 내가 취미로 하고 있는 어떤 것에 대한 이야기, 여행한 것, 사진 찍은 것, 직장에서 하는 일, 가족과 하는 일, 내가 배우거나 공부하고 있는 것, 내가 가진 것에 대한 이야기 등 어떤 것이든 사람들과 공감하거나 공유하거나 교류할 수 있는 것을 찾아보자. 찾기만 하면 비즈니스가 되는 건 시간문제다.

모방의 법칙
Resemble

최근 독일의 한 인터넷 기업이 화제가 되고 있다. 이 회사는 자신들만의 고유한 제품이나 서비스 아이템을 갖고 있지는 않다. 다만 어떤 나라에서 잘 되고 있는 사업 아이템을 재빨리 복제하여 다른 나라에 같은 모델의 사업체를 세워 그 시장을 장악한다. 그 후 그 제품을 원래 생산하는 기업이 그 나라에 진출하지 못하도록 하거나 아예 그 회사를 인수하도록 유도한다. 일종의 기업 복제 회사인 것이다. 가령 미국에서 유행하는 경매사이트 이베이의 사업모델을 이집트에 가져가서 현지에 기업체를 세우고 똑같은 방식으로 사업을 시작하여 시장을 장악한다. 그리고 미국의 이베이가 이집트 진출을 아예 못하도록 가로막거나 이베이 본사에 자신들이 세운 이집트 사업체를 인수하도록 유도한다. 이미 한 나라에서 성공한 모델이기 때문에 다른 나라에서도 대부분 성공할 수밖에 없다.

2007년 독일의 마크, 올리버, 알렉산더 잠버 3형제가 만든 '로켓인터넷'이라는 회사는 일종의 '회사를 만드는 회사'인 '컴퍼니 빌더(Company Builder)'라고 할 수 있다. 핵심 전략은 속전속결이다. 사내 전문가 그룹이 '어디서든 통하고', '재빨리 복제 가능한' 사업모델을 발굴해낸 후 MBA(경영전문대학원), 투자은행, 컨설팅 회사 등에서 적합한 경영진을 물색해 회사를 설립하고, 여러 국가에 동시에 론칭하는 방식으로 시장에 진출한다. 자신들의 고유 아이템이나 사업모델은 없다. 2007년에 창업해 현재 102개 나라에 벤처기업을 70개 이상 세웠고, 직원만 2만 명이 넘는 거대 기업으로 성장했다.

회사 측은 "1년에 회사를 평균 10개가량 세우고, 아이디어부터 서비스 출시까지 100일이면 충분하다"며 "전 세계 모바일 이용자의 74%, 54억 인구가 우리의 타깃"이라고 밝히고 있다. 브라질, 러시아, 인도 시장을 장악한 최대 온라인 패션 쇼핑몰 '다피티', '라모다', '자봉' 등이 로켓인터넷의 작품이다. 업계에선 미국 아마존의 제프 베조스, 중국 알리바바의 마윈 창업자와 함께 신흥 시장을 장악한 올리버 잠버를 시장의 '빅 3'로 꼽고 있다. 로켓인터넷은 이미 한국에 지사를 세우고, 화장품 샘플 정기 구독 서비스인 '글로시박스' 등 다양한 유사 서비스를 선보이고 있다.

이 회사가 눈길을 끄는 이유는 자신들의 고유 아이템이 없이 성공한 다른 아이템이나 사업모델을 베껴 다른 나라에 이식하는, 지금까지는 존재하지 않았던 사업모델이라는 점이다. 모방이나 복제가 새로운 사업모델을 개척할 수 있는 기발한 수단이 된다는 것을 보여주고 있다.

최근 새로운 제품이 아닌 기존의 인기 있는 제품을 모양만 약간 바꾸거나 크기를 달리하는 식으로 변형하여 새롭게 만들어내 성장한 중국의 IT 기업이 있다. 바로 '대륙의 실수'라는 신조어를 만들어낸 중국 기업 샤오미(小米)다. 이 기업은 이미 시장에서 검증된 인기 있는 제품을 모방하여 거대시장 중국을 장악하려는 전략을 갖고 있다. 대표적인 것이 스마트폰이다. 삼성전자와 애플 제품의 장점만을 취한 샤오미폰을 저가에 공급했고 거대 중국시장에서 삼성과 애플을 모두 추월했다. 얼마 전까지만 해도 한국 기업들이 '짝퉁 애플'이라며 무시했던 기업이었다.

이 회사의 창업자는 중국의 스티브 잡스로 불리는 레이쥔이다. 레이쥔의 재산은 41억 달러, 중국에서 19위, 세계 375위에 해당하는 수치다. 그는 애플과 스티브 잡스를 그대로 모방하여 옷 입는 것, 프레젠테이션 하는 스타일, 경영 스타일까지 똑같이 따라 한다. 애플을 그대로 모방하여 따라잡겠다는 것이다. 그리고 마침내 2015년 중국 스마트폰 시장에서 삼성과 애플을 추월하고 1위를 거머쥐면서 레이쥔은 단순하게 잡스의 겉모습만 따라하는 게 아니라 집념, 추진력, 철저한 시장분석과 미래에 대한 혜안까지 갖춘 파워 경영인으로 새롭게 평가받고 있다.

이 회사는 노골적으로 어떤 것을 모방한다고 선언하면서 따라한다. 그러면서 모방한 기업보다 더 앞선다. 모방한 원제품보다 더 싸게, 더 작게, 더 가볍게, 더 매력적으로 제품을 생산해낸다. 모방만 하는 게 아니라 모방에 혁신을 더하는 것이다.

세상에 존재하지 않던 새로운 제품을 만들었다고 칭송받던 미국의 애플도 사실 따지고 보면 모방이 근간을 이룬다. 일부 사람들은 "모방이 없었다면 애플도 없었다", "애플은 '완벽한 모방 기업'이다", "매킨토시(애플의 개인용 컴퓨터) 기술 중 상당 부분이 애플 건물 내에서 개발된 것이 아니다"라며 애플을 비판하기도 한다. 실제로 마우스 등을 이용한 매킨토시의 비주얼 인터페이스는 복사기 제조업체인 제록스의 팰러앨토연구센터 연구원들이 개발한 것이었다.

애플은 기존 기술과 재료를 조합해서 새로운 기술을 만들어내는 데 뛰어난 능력을 보였다. 혁신기업으로 알려져 있지만, 애플의 진짜 기술은 외부에서 얻은 기술과 자체 아이디어를 함께 묶어서 우아한 소프트웨어와 멋진 디자인으로 조합해내는 데 있다.

아이팟, 아이폰, 아이패드 같은 제품들도 외부 아이디어를 들여오는 것을 두려워하지 않으면서 항상 그것을 자사에 맞게 수정해내는 애플의 면모를 확실히 드러내 보여주는 것들이다.

애플의 스티브 잡스는 모방에 능숙했다. 그는 "애플은 위대한 아이디어를 훔치는 것에는 수치심을 느끼지 않는다"라고 말했다. MP3를 먼저 발명한 것이 아니지만 아이팟으로 세계 시장을 정복했고, 최초의 스마트폰을 만든 것은 아니지만 거침없는 모방과 기존의 기술을 새로운 방향으로 결합해 아이폰이라는 혁신적인 제품을 만들었다.

세상의 모든 아이디어는 다른 아이디어를 재료로 해서 만들어진 것이다. 진정으로 어느 한 사람만의 독창적인 아이디어는 이 세상에 존재하지 않는다. 인간은 결코 무(無)에서 유(有)를 만들어낼 수 없다.

비즈니스에서 모방은 일반화되어 있다. 르네상스 미술의 전성기를 이끈 미켈란젤로와 레오나르도 다빈치는 뛰어난 재능을 바탕으로 독창적인 작품들을 남겼다. 이들과 함께 3대 거장으로 거론되는 라파엘로는 앞선 두 화가들의 구도와 기법을 따라한 '모방형 화가'였다. 그러나 라파엘로는 후대 미술사학자들로부터 르네상스 미술을 완성한 화가로 평가받는다. 선배 화가들의 장점을 적극적으로 수용하고 이를 종합해 자신만의 화풍으로 승화시킨 결과, 미켈란젤로와 다빈치를 능가하는 작품성을 인정받게 된 것이다. 라파엘로의 '창조적 모방'은 산업계에서도 오래전부터 이어져온 공식이다. 모방을 바탕으로 새로운 것을 만들어낸 현대의 라파엘로들은 이제 부까지 거머쥐며 억만장자 자리에 앉아 있다. 이들은 이미 있던 것을 잘 가공하고 편집해 새로운 것을 창조하는 '트위커(Tweaker) 부호'이기도 하다.

미국 최대 유통업체인 월마트의 창업자 샘 월튼(Sam Walton)은 그의 자서전 『샘 월튼 : 메이드 인 아메리카, 나의 이야기』에서 "내가 한 일의 대부분은 남이 한 일을 모방한 것이었다"고 밝힌 바 있다. 샘 월튼은 1962년에 월마트를 세웠다. 후발주자로 뛰어든 그는 녹음기를 들고 다니며 세계 곳곳의 할인점 최고경영자들을 만날 정도로 배우는 데 주저하지 않았다. 월마트의 브랜드 중 하나인 '하이퍼마트(Hypermart)'도 그가 브라질에서 본 까르푸를 모방해 1987년에 만든 것이다. 월튼은 자서전에서 "당시 유럽 등지에선 이미 식품과 일반 제품들을 한데 모아놓고 파는 하이퍼마켓(대형 할인매장) 형태가 성공을 거두고 있었다"며 이를 미국에 들여온 계기를 설명했다. 그의 예측대로 대형 할인매장은 이후 20여 년간 월마트의 성장을 견인한 효자 브랜드가 됐다.

최초의 신용카드는 다이너스클럽이 선보였지만, 지금은 이를 모방한 비자, 마스터카드, 아메리칸 익스프레스가 시장을 지배하고 있다. 제록스 팔로알토 연구소는 최초로 상업용 GUI(그래픽 사용자 인터페이스)를 내놓았지만, 정작 상업화에 성공한 건 애플과 마이크로소프트였다. 닌텐도는 게임콘솔로 유명했지만, 실제로는 아타리가 1975년에 출시한 퐁 비디오 게임을 모방한 75개 회사 중 하나였다. 크라이슬러는 최초로 미니밴을 내놓았지만, 이를 포드와 GM이 베꼈고, 혼다와 토요타는 자체 개발한 미니밴으로 포드와 GM의 미니밴을 시장에서 몰아냈다. 사우스웨스트는 저가항공의 대명사로 꼽히지만 실제로는 피플 익스프레스 같은 저가항공사들의 실패에서 교훈(정보기술의 활용)을 얻었다. 야후가 포털 서비스업을 시작했지만 국내에는 네이버, 세계적으로는 구글이 1위로 올라섰다.

제2차 세계대전 후 일본은 미국과 유럽의 제품들을 수십 번 분해하고 다시 조립하는 리버스 엔지니어링(Reverse Engineering) 과정을 통해 기술력을 쌓아 올리며 산업 부흥을 이뤘다. 초기에는 조악한 품질의 제품을 출시했지만, 같은 공정을 반복하면서 일본 특유의 축소 지향적인 성향이 녹아 들어갔다. 작지만 내구성이 좋은 상품들이 시장으로부터 호평을 받기 시작한 것이다. 경차와 워크맨, 손목시계 등이 대표적인 예다. 그 결과로 일본은 1970년

대 초반부터 서서히 기술강국이라는 이름을 얻기 시작했다. 당시 일본의 성장에 주목한 한국 기업은 일본의 기술과 제품을 모방하는 방법으로 기술력을 추격했다. 개발도상국에 속해 있는 기업은 자본과 기술력에 한계를 가지고 있다. 그들에게 선두기업의 생산방식과 마케팅을 모방하는 것은 생존의 문제와 같다.

제임스 다이슨(James Dyson)은 청소기와 선풍기 같은 평범한 가전제품 부문에서 디자인으로 파괴적 혁신을 꾀했다. 그는 영국의 왕립 미술학교에서 산업디자인을 전공한 디자이너 출신이다. 제임스의 혁신은 일상생활에서 느끼는 불편함에서 비롯됐다. 진공청소기의 먼지봉투에 먼지가 찰 때마다 자주 막히고, 흡입력도 떨어지는 지경이 되자 제임스는 1993년 회사를 세우고 결국 최초로 먼지봉투 없는 청소기를 개발해냈다. 게다가 기존의 관념을 뒤집어 먼지를 받아내는 용기를 투명하게 제작한 것도 소비자들의 눈길을 사로잡았다.

기존의 것을 비트는 제임스만의 이와 같은 재주는 선풍기에서도 발휘됐다. 아이들이 손가락 다치는 것을 방지하기 위해 개발한 날개 없는 선풍기로 제임스는 세계적인 디자이너로서의 명성과 함께 가전제품 CEO로서 엄청난 부를 쌓을 수 있었다. 그의 현재 자산은 약 48억 달러다.

"좋은 예술가는 그대로 복사(Copy)하지만 위대한 예술가는 도용(Steal)한다"는 피카소의 말처럼 창조적 모방가들은 그대로 베끼기보다 장점을 자신의 것으로 소화해 더 좋은 제품을 세상에 내놓는다. 창의적인 방법으로 돈을 번 사람들을 베꼈다고 비난하는 이들은 없다.

트래비스 칼라닉 우버 창업자나 브라이언 체스키 에어비앤비 창업자처럼 기존에 있던 것을 편집, 가공해 새로운 것을 내놓는 창조적 모방가들은 지금도 계속 등장하고 있다. 이들이 줄줄이 억만장자에도 오르면서, 이제 창조적 모방은 오늘날 부자가 되는 새로운 공식이 됐다.

지금까지 '모방은 바람직하지 않다'라는 일반적인 생각을 가지고 있었다면 지금부터는 모방이 비즈니스 전략의 큰 수단이 될 수 있음을 인식해야 하겠다. 단순모방이 아니라 변형된 모방, 전략적 모방, 창조적 모방이라면 비즈니스에서 강력한 힘을 발휘할 수 있다. 지금 이 순간부터 주위에서 잘 되는 비즈니스 모델을 찾아보자. 그리고 내가 응용할 수 있는, 모방할 수 있는 가능성을 고민해보자. 분명히 가장 적은 비용과 시간으로 나만의 비즈니스를 창조할 수 있을 것이다.

전문화의 법칙
Expertize and Professionalize

자기 일을 개발하는 가장 쉬운 방법은 지금 각자가 하고 있는 일을 전문화하는 것이다. 직업으로 경험했거나 현재 하고 있는 일, 취미로 했거나 하고 있는 일, 집안이나 주위의 여건에 의해 할 수 있는 일 등은 자기 업으로 만드는 데 가장 어려움이 적은 것들이다. 익숙하거나 여건을 알고 있거나 관련된 사람들을 알고 있기 때문이다.

휴대폰 무선 중계기를 만드는 중견기업에 다니던 H씨는 3년 전 회사를 그만두었다. 그리고 그 회사에서 하던 일(중계기 부품개발)을 그대로 가지고 나와서 개인기업을 설립했다. 그리고 지금은 5명의 직원을 데리고 전 직장에서 생산하던 부품을 제작하여 그 회사로 납품하고 있다. 말하자면 다니던 회사의 하청업체가 된 것이다. 전 직장에서 하던 일을 그대로 하기 때문에 사업을 하는 데는 별다른 어려움은 없었다. 오히려 시간이 지나면서 납품하는 곳을 두 군데 더 늘려서 이제는 사업의 규모가 50% 정도 커졌다. 이제는 무선 중계기 부품 전문업체가 된 것이다. 하는 일은 거의 같은데 지위와 책임이 달라졌다. H씨는 직장에서 자기가 하던 일을 가지고 자기의 평생 일로 전환했다.

대학교에서 청소년상담학과를 졸업하고 정부산하기관인 청소년 교육원에서 상담과 강의를 담당하고 있던 30대 여성 P씨는 1년 전 다니던 교육원을 그만두었다. 남들은 들어가지 못해서 안달을 하는 공공기관을 그만두는 것을 의아해했지만 P씨는 생각이 달랐다. 교육원은 나름대로 안정되고 처우가 그렇게 나쁜 곳은 아니지만 정부산하기관인 탓에 분위기가 경직되어 개인의 역량을 발휘하지 못하는 한계를 지닌 곳이었다. P씨는 당장은 매일 출근할 곳은 없지만 교육원에서 하던 강의 내용을 가다듬어서 외부 강연을 시작했다. 그리고 전문매체에 글을 쓰면서 상담과 청소년에 관한 책도 출간했다. 시간이 흐르면서 그 분야에서 아는 사람들이 증가하고 강의 초청이나 교육 프로그램을 의뢰받는 일도 생기면서 이직 1년이 지난 지금은 교육원에 재직할 때 이상의 수입을 올리고 있다. 비교적 순탄하게 홀로서기를 하고 있다.

지방신문사에서 5년째 기자생활을 하고 있는 K씨는 평소에 지방

신문 기자의 어려움을 몸소 느끼고 있던 30대 초반의 청년이었다. 근무여건도, 회사의 처우 수준도, 미래 비전도 지방신문사의 어려움만큼이나 형편없었다. 그렇다고 마땅히 할 줄 아는 다른 일도 없었다. 그러던 어느 날 엎친 데 덮친 격으로 신문사가 다른 신문사로 합병을 당한다. 더 이상 견딜 수 없어 사표를 쓰고 엉뚱한 발상을 한다. 어느 신문사나 어렵기는 오십보백보이고 다른 언론사에 취업을 하지 말고 차라리 스스로 뉴스 취재원이 되어서 뉴스를 공급해보자고 나선다.

본인이 살고 있는 지역의 각종 정보를 취재해서 그것을 중앙 언론사와 다른 지방언론사에 제공하는 일을 해 보자는 발상이었다. 하는 일은 전과 같고 일하는 방식만 바꾼 것이다. 하지만 이제 일하는 지위는 을(乙)에서 갑(甲)으로 바뀌었다. 게다가 그 일은 자리만 잡히면 그 지역에서 평생 직업으로 할 수 있는 일이다. 지금까지 자기가 하던 일을 방식을 바꾸어 성공한 경우다.

강남역 근처 중국집에서 주방 요리사로 일하던 K씨는 2년 전 불의의 교통사고로 오른팔을 크게 다치면서 더 이상 요리사로 일을 할 수 없게 되었다. 오른손잡이가 오른팔을 다치고 나니 할 수 있는 일이 거의 없었다. 그러나 K씨는 그대로 포기하지 않고 근무하던 중국집을 찾아가서 한 가지 제안을 한다. 평소 중국집에 근무할 때 하던 일이 식재료 준비였다. 그래서 중국집 대표에게 앞으로 야채 매입과 준비를 자신에게 맡겨 달라고 부탁했다. 자신이 지금보다 3분의 1 정도 싼 값으로 더 싱싱한 야채를 준비할 수 있다고 설득했다. 대표는 그동안 열심히 일한 K씨를 믿고, 야채 매입과 식재료 준비를 맡겼고, K씨는 매일 농산물 시장에서 신선한 식재료를 준비해 공급했다. 지금 K씨는 그 중국집뿐 아니라 인근의 다른 중국집에도 야채 식재료를 공급하면서 중국집 식재료 전문상이 되는 꿈을 이루어가고 있다. K씨는 중국집에서 요리사로 근무할 때보다 더 자유로운 시간을 누리며 더 많은 수익을 올리고 있다. 앞으로 식재료업을 확장하여 더 많은 거래처를 확보하고, 나아가 직접 중국집을 개업하여 운영할 계획도 세우고 있다.

이 사례들에서 보듯이 자기 일을 갖는 가장 손쉬운 방법 중 하나가 하던 일을 이용하거나 전문화하는 것이다. 최근에는 기존의 기업들이나 정부기구들도 하던 일들을 효율성이나 비용절감 차원에서 외주(Outsourcing)로 넘기는 경향이 있다. 기업의 규모가 커짐에 따라 속도가 늦어지고 외부 변화를 따라잡는 데 한계가 있다고 판단하여 핵심적인 기능만 직접 수행하고 나머지 기능은 외부 전문기업으로 이양하는 게 최근의 큰 추세이다. 심지어는 정부도 재정수지 적자를 극복하는 방안의 하나로 웬만한 기능은 외부의 전문기업이나 기관에 맡기려는 경향이 점점 강해지고 있다. 이렇게 하면 직접 이 기능을 수행하는 것보다 비용도 절감되고 일의 전문성도 훨씬 높아진다.

미국의 경우 정부 기능의 민간이양이 급격히 진행되고 있다. 이미 교도소 운영과 같은 국가 고유의 기능까지도 민간 전문기업에 맡기고 있을 정도다. 이에 대해『뉴욕 타임스』는 "가능한 한 모든 정부 기능을 민간에 이양하는 방안을 지지하는 현 정부의 철학이 아웃소싱 급증의 한 원인"이라며 "공공 업무를 담당하는 사람들 가운데 직업 공무원보다 민간 하도급업체 사람의 수가 훨씬 많다"고 보도했다.

앞으로 대기업이나 정부, 공공기관 등에서 수행하던 많은 기능들이 점점 더 외부로 이관될 가능성이 커지고 있다. 이러한 추세를 미리 분석하고 대비한다면 그 기능들을 이양 받는 데 유리한 고지를 점령할 수 있을 것이다.

지금은 누구나 알고 있는 국내 인터넷 기업 네이버는 삼성 SDS를 다니던 직원 이해진이 1999년에 네이버컴이라는 이름으로 만든 것이다. 그는 당시 회사 내에서 하던 일을 응용하여 아이템을 구상하였고 회사를 그만둔 뒤 창업을 했다. 이어서 같이 삼성 SDS에 다니던 김범수도 회사에 다니면서 익혔던 일을 바탕으로 인터넷 게임인 한게임을 만들었다. 이후 회사동료였던 이해진이 창업한 네이버컴과 합병을 하면서 거대기업 NHN이 탄생했다.

국내 최대 인터넷 쇼핑몰 중의 하나인 인터파크도 당시 데이콤(현재의 LG 유플러스)에 다니던 직원이 하던 일을 개발하여 독립해서 만든 회사이고, 국내 최대 중고차 거래업체의 하나인 SK 엔카도 SK에 다니던 직원이 나와서 창업한 기업이다.

개인적 취미활동이나 아마추어 차원에서 하던 일들을 사업으로 전환하는 경우도 있다.

30대 초반의 손뜨개질이 취미인 가정주부가 혼자 경험한 뜨개질 정보를 남들과 나누고 싶어 온라인에 자신의 뜨개질 이야기를 올렸다. 이 사이트에 뜨개질이 취미인 주부들이 모여들면서 뜨개질 이야기가 모여졌고 이 이야기들을 잡지에 연재하기 시작했다. 이 잡지기사가 반응이 좋아 책으로도 출간되었다. 당시 뜨개질 관련 책은 일본이나 중국 저자가 대부분이었는데 한국 저자가 직접 쓴 손뜨개 책이라고 입소문을 탔다. 책을 본 독자들이 손뜨개 작품에 대한 문의를 많이 해오면서 직접 뜨개질 정보와 관련 재료 등을 판매하는 전문 쇼핑몰을 오픈하게 되었다. 이후 대한민국 최초의 뜨개질 온라인 쇼핑몰로 이름을 알리기 시작했다. 쇼핑몰 창업 초기에 뜨개질에 쓰이는 실, 바늘, 단추, 부자재 등 재료들을 체계화시켰고, 다양한 손뜨개 정보와 해외의 뜨개질 트렌드를 국내 처음으로 온라인에 소개했다.

이와 함께 지방에서 직접 뜨개질을 배우러 올 수 없는 수강생들을 위해서는 온라인 동영상 강의를 올려 다양한 강좌를 운영했다. 동시에 뜨개질이라는 단순 취미 활동을 넘어 전문 인력을 창출하기 위해 직업화 교육 사업에도 공을 들였다. 전문적인 교육으로 자격증이 없던 뜨개질에 자격제도를 도입하는 한편 지난 2006년 8월에는 한국손뜨개협회(KAKH)를 발족했다. 뿐만 아니라 직접 상호를 쓰고 싶다는 문의가 이어지면서 자연스럽게 오프라인 프랜차이즈 사업으로까지 영역을 넓혔고, 현재 전국에 50여 개의 가맹점을 보유하고 있다.

한 가정주부의 단순 취미였던 뜨개질이 어떻게 억대 매출을 올리는 사업으로, 프랜차이즈 가맹조직으로, 공공협회로까지 발전할 수 있었을까? 그 주인공은 '바늘이야기'의 송영예 대표이다. 송대표는 "손뜨개를 취미로도 할 수 있지만 저처럼 누군가에게는 직업이 될 수도 있다고 생각했다. 특히 일을 원하는 주부들에게 간접적인 사회참여를 유도할 수 있는 기회를 제공하고 싶었다"라고 말했다.

여성들의 대표적인 취미활동인 뜨개질이 이렇게 내로라하는 사업으로 탄생했다. 어쩌면 주부의 사소해보이는 뜨개질이었지만 평생의 업이 되었고 거창한 교육사업으로 발전했다. 누구나 한두 가지의 취미나 좋아하는 것은 있을 수 있다. 문제는 발상이다. 이것을 어떻게 포장하고 진전시켜야 내 업이 될 수 있을까에 대한 발상과 사고의 전환이 차별화를 만든다.

집안이나 주위에서 하고 있는 일을 전문화, 체계화, 상업화하는 것도 고려해라. 몇 년 전 한 학생이 졸업을 했는데도 취업이 안 되어 고민이라면서 연구실을 찾아왔다. 부모님은 시골에서 가축을 기르며 어렵게 농사일을 하고 있는 상황이라 맏아들인 자기가 빨리 취업을 해서 돈을 벌어야 했지만 취업이 안 되고 있어 걱정이라고 푸념했다. 한참 동안 제자의 장래희망과 특기, 적성 등을 들어 본 결과 마땅히 소개해 줄 만한 기업이나 기관이 떠오르질 않았다. 그래서 어렵게 취업을 해서 남의 일을 하느니 차라리 가업인 농사일이나 양돈업을 직접 해보는 것은 어떻겠느냐고 제안했다. 지금까지 부모님을 따라 농사를 지으며 성장해 왔고, 부모님도 연로해지면서 후계자가 필요할 테니 아예 일찌감치 농사일에 진출해 전문가가 되어 보라는 것이었다. 처음에는 상당히 당황하며 농사일은 절대 하지 않을 거라며 강한 거부감을 보였다. 하지만 생각해봐도 안정된 직장에의 취업은 만만치 않았고 다른 대안도 없었다. 결국 제자는 울며 겨자 먹기 식으로 양돈 일을 시작했다. 양돈업 5년차인 지금, 큰 어려움 없이 자리를 잡을 수 있었던 건 평소 늘 봐 왔던 일들이었기 때문이다. 그는 일을 더 전문화하고 체계화하고 대형화했고, 남들이 하면 굉장히 어렵고 실수할 수 있는 일을 상대적으로 빠르고, 제대로 해낼 수 있었다. 지금은 충남 지역에서 손꼽히는 청년 양돈업자로 자리 잡았다.

농업이나 어업과 같은 1차 산업의 경우, 집안 내력으로 해 오는 경우가 많지만, 최근 정부의 농업 6차 산업화 정책이 농촌에 큰 변화와 기회를 제공하고 있어서 새로운 일을 할 수 있는 가능성이 커지고 있다. 산지 재배 위주의 1차 사업 개념에 수확한 농산물을 가공하는 2차 산업 개념, 거기에다가 유통을 전문화하는 3차 산업 개념을 융합하여 농산물을 고부가가치화 하는 전략이 바로 6차 산업 전략이다.

경북 북부 지역, 충북과의 경계지에 위치한 문경 지방은 전통적으로 산이 높고 골이 깊은 산골 지역이다. 산업기반이 취약하고 벼농사 위주의 전통적인 농사 지역으로 농가소득이 높지 않았다. 1990년대까지만 해도 농사보다는 석탄을 생산하는 탄광산업이 지역경제를 주도했다. 그러나 그 후 탄광이 문을 닫으면서 지역경제가 활로를 잃고 말았다. 시에서는 농가의 소득을.올리기 위한 특단의 대책으로 오미자를 농가에 권장하기 시작했다. 10년이 지나면서 외부 작물이었던 오미자가 전국 수요의 60%를 점할 정도로 생산량이 늘어났다. 그 결과로 연매출이 억대를 넘는 농가가 수십 가구나 될 정도로 대성공을 거두었다. 바로 오미자 농사를 전문화하고 대형화하여 현대화된 유통시스템에 결합한 결과다.

지금까지 문경 지역에서는 지역 출신 청년들이 고등학교를 졸업하면 대학을 위해, 취업을 위해 지역을 떠났다. 그러나 지금은 오미자 농사를 위해 외부로 나갔던 사람들이 지역으로 회귀하고 있다.

최근 농촌에는 '협동조합'과 '마을기업'과 같은 개념의 새로운 비즈니스 프레임이 도입되어 스스로 기업을 할 수 있는 여건이 갖추어지기 시작했다. 농촌에서는 농민들끼리 생산자 협동조합을 만들고, 도시의 소비자들과 연계하여 협동조합을 결성해 생산과 소비가 연결되도록 하는 흐름도 아주 활발하다. 마을 단위로 일정요건을 갖추면 기업 설립이 가능하다. 농가 마을 단위로 기업을 설립해 생산과 이윤을 공유하는 사업이 가능하게 된 것이다.

농어촌 출신의 경우 과거와 같이 일자리가 없어 무조건 도회지로 떠나야 했던 상황이 지금은 달라졌다. 비즈니스의 기회가 생기기 시작했기 때문이다. 이곳에 지인이나 부모님이나 친인척이 있는 경우는 프리미엄을 갖는다. 그들은 어릴 적부터 농어촌의 분위기에 익숙해 있고, 지인들이 가지고 있는 노하우도 쉽게 흡

수할 수 있다. 이는 더 많은 기회를 창출할 수 있는 유리한 기반이 된다. 농어촌이야말로 자신의 일을 개발하고 평생 스스로 할 수 있는 일을 찾을 수 있는 최적지이다. 농촌과 어촌을 허투루 보지 말자. 보물이 숨어 있는 곳이다.

나만의 업은 언제나 멀리에 있는 게 아니다. 현재 하고 있는 일, 경험했던 일, 익숙한 일에서 시작해 보라. 그리고 그것을 전문화하라. 거기에 창업 성공의 길이 있다.

몰입의 법칙
Prefer

중학교 때 미국으로 유학을 가서 유명 아이비리그 대학을 졸업한 후 신의 직장이라는 구글에서 근무를 하던 젊은 여성이 갑자기 회사를 그만두고 요리사로 나서서 세간의 화제가 된 적이 있다. 그리고 그 이야기로 『구글보다 요리였어』라는 책까지 출간했다. 주인공은 이태원에서 한식집을 연 안주원 씨다.

이해가 잘 안 되는 건 세계 최고의 회사 구글을 나와 요리사가 되기를 선택했다는 것이다. 직업에 귀천이 없다지만 엉뚱해도 한참 엉뚱한 선택이 아닐 수 없다.

그녀는 미국의 명문 코넬대에서 산업디자인을 전공하고 2008년 구글코리아에 입사해 '구글러'가 되었다. 누구나 부러워하는 직장이었다. 하지만 2년 6개월 뒤 그녀는 구글을 퇴사했다. 이후 그녀는 미국 프로비던스에 위치한 존슨 앤 웨일즈 요리학교에서 공

부를 시작했다. 나중에 미슐랭 스타 레스토랑에서 무급인턴으로
일했고, 한국으로 귀국해서는 식당 보조일을 맡았다. 안주원 씨
의 고백이다.

> "요리가 너무 좋아서 시작했어요. 요리가 여전히 좋지만 그게 현실
> 이 되고 일상이 되었을 때 견뎌야 하는 딜레마가 컸어요. … 페이
> 스북을 보고 있으면 친구들은 예쁜 옷 입고 놀러 다니고, 결혼도
> 하는데 저는 너무 힘들었어요. 월급은 150만 원도 못 받았고, 빠
> 듯하게 생활했죠. 고시원에서 지냈는데 정말 초라하더라고요. 예
> 전에 구글 다닐 때는 일 끝나고 레스토랑도 가고 화려하게 살았거
> 든요. 하지만 요리를 배울 때는 후줄근한 차림으로 주방에서 요리
> 하고, 컵라면 먹으며 버티고 그랬거든요."

무슨 사연으로 이러한 초라함을 자초했는가? 결국 요리에 대
한 그녀의 열정과 관심 때문이었다. 늦깎이 요리사 안 씨는 당시
를 회상하며 "지옥의 주방에서 버틸 수 있었던 힘은 오직 '요리'에
대한 두근거림 때문이었다"고 말했다.

> "저는 사실 생계형 요리사라서 요리로 돈을 벌어서 가족을 먹여
> 살려야 하긴 하지만, 요리에 대한 순수함이나 진심이 정말 커요.

돈을 벌기 위해 타협하고, 트렌디함을 억지로 만들어내고 싶지는
않아요. 제 신념은 어떻게 하면 많은 사람들에게 맛있는 한국 음
식을 알려주고 나눌 수 있는가예요. 그래서 항상 우리 가게에서
느끼고 맛볼 수 있는 한국적인 맛이 과연 무엇인를 고민해요.”

그녀의 요리에 대한 순수한 열정을 느낄 수 있는 대목이다. 고
액의 연봉과 세계 최고의 회사 직원이라는 프리미엄을 포기하고
자신이 하고 싶고 가슴 뛰는 일에 뛰어들었다. 돈보다도, 명예보
다도 자신이 하고 싶은 것, 가슴 뛰는 것, 행복해지는 것을 선택
한 용기에 박수를 보낸다.

인터넷과 온라인 쇼핑이 일상화되면서 가장 큰 타격을 받는 업
종 중의 하나가 서점이다. 그중에서도 동네 소형서점들이 가장 피
해가 큰데, 여기 동네 골목에서 헌책방을 운영하고 있는 사람이
있다. ‘이상한 나라의 헌책방’이라는 중고서적 가게를 운영하는
윤성근 대표가 그 주인공이다.

대학을 졸업하기 전부터 IT 회사에 취업을 해 10년 넘게 다녔다.
성격이 내성적이어서 컴퓨터를 다루는 일은 그리 어렵지 않았고
월급도 만족할 만한 수준이었다. 그러나 그는 회사생활에서 진정

한 행복을 얻을 수 없었다. 의도치 않게 거짓말을 하고 상대에게 위선도 부려야 하는 회사생활이 괴롭고 자신의 인생가치와 맞지 않음을 깨닫고 곧바로 그만두었다. 그리고 자신이 좋아했던 수집 활동도 하고 불우한 청소년을 위한 야학도 열면서 자신의 가슴에 충실한 삶을 추구하기로 결심했다.

그는 강원도 태백 탄광 지역에서 태어나 어릴 적부터 책을 좋아했는데 읽을 책이 없어서 어머니가 보는 성경과 옆집에서 얻어오는 신문에 파묻혀 살 정도였다. 학생 때는 책을 읽기 위해 종로서적을 걸어서 네 시간씩 오갈 정도였다. 그래서 회사를 그만둔 후 책에 관한 일을 해보기로 결심하고 출판사를 다녀도 보고 헌책방에서 일을 하기도 했다. 그러면서 인생에서 행복을 느낄 수 있었다. 역시 책과 관련된 일이 자신의 주특기였음을 비로소 깨달았다.

그리고 2007년 책과 사람이 모두 빛나는 헌책방을 열기로 했다. 5,000여 권의 책들을 모아놓고 시작한 헌책방은 지금은 주민들의 사랑방이 되었고, 주기적인 문화공연과 심야책방 등의 다양한 문화행사를 열면서 명실상부한 지역주민 만남의 장소, 책 읽는 장소, 문화의 장소가 되고 있다.

'이상한 나라의 헌책방'은 오후 3시에 열고 밤 11시에 닫는다. 윤대표의 생활 리듬에 맞추어 정한 시간이다. 헌책방이라는 자영업의 자유를 느끼게 하는 부분이다. 수입은 겨우 책방 운영비용을 충당할 정도로 적지만 개인적인 활동으로 버는 수입으로 생계에 큰 지장은 없다고 한다. 더 이상의 수입은 오히려 딴 짓을 하는 계기가 되기 때문에 지금의 수입과 헌책방 운영에 만족하고 행복하다고 한다.

안주원 요리사와 윤성근 대표는 좋아하는 일로 자신의 직업을 만든 사례다. 사실 가장 이상적인 일의 형태이기도 하다. 자기가 좋아하는 일을 하면서 평생을 산다는 건 모든 사람들의 로망이다. 모든 사람들에게는 저마다 가슴이 뛰는 취미나 열정을 갖는 일 한두 가지는 있게 마련이다.

그러나 여기에는 문제가 있다. 우선 자신이 무엇을 좋아하는지를 발견하기가 어렵다는 것이다. 말은 쉽지만 스스로가 자신이 무엇을 진정으로 좋아하는지, 무엇이 가슴을 뛰게 하는지를 찾는 것이 어렵다. 아니면 그런 일이 아예 없거나 반대로 너무 많아서 어떤 걸 진정으로 좋아하는지를 구분하기가 어려운 경우도 많다. 또한 좋아하는 일을 선택할 경우 적절한 경제적 수입이 확보되지 않아서 직업으로서 충분한 조건이 되지 못할 수도 있다. 가장 흔한 경우가 음악이나 미술, 예능, 스포츠 관련 활동들이다. 젊은이 대부분이 좋아하는 일을 찾으라고 하면 이러한 활동을 꼽는다. 우선 눈으로 보기에 매력적인 것 같고, 자신도 잘 할 수 있을 것 같고 쉽게 동료들의 관심도 끌 수 있을 것 같기 때문이다. 그러나 이러한 일은 경쟁이 심하고 지속적이지 못하며, 안정된 직업이라기보다 취미나 여가의 하나로 취급되기 때문에 경제적 수입활동으로는 적절하지 못하다는 한계를 가지고 있다.

앞으로 좋아하는 일로 자신의 평생 일을 만들려는 사람들은 이러한 점을 유의해서 결정해야 한다. 우선 진정 좋아하는 일을 찾으려면 이것저것 많이 저질러 보아야 한다. 안주원 씨는 이에 대해 이렇게 말한다.

"'안주원 씨는 어떻게 원하는 걸 찾았어?'라고 하면서 다들 처음에는 부럽다고 하세요. 생각만 한다고 답이 나오는 건 아니에요. 끊임없이 본인을 관찰해야 하죠. 막연히 책상에 앉아서 '난 이 직업이 안 맞는데? 뭐 할까 뭐 할까?' 생각만 하다 보면 정신병자가 되어버릴 정도로 스트레스만 늘어요. '딴 짓 하세요.' 다들 컴퓨터 앞에 앉아서 고민만 하지 마세요. 저는 딴 짓을 정말 많이 해서 좋아하는 걸 찾게 됐거든요. 그런 과정이 복합적으로 쌓이면 도움이 돼요. 해봐야 안다는 말도 있잖아요. 게으름 피지 말고 본인에 대해 자꾸 부딪혀봐야 아는 것 같아요. … 저는 소위 말하는 '안정적인 직업' 그게 틀렸다고 생각하지 않아요. 그건 자신의 선택인 거죠. 요리하면서 포기한 게 많아요. 처음부터 알고 시작했고요. 만

약 제가 안정적이라고 말하는 삶을 살면 사랑하는 일, 요리 같은
걸 택했을 때의 희열은 포기해야겠죠. 근데 너무 그런 고찰 없이
'난 불행해'라고 하는 건 아닌 것 같아요. 본인에게 필요한 게 뭔지
자꾸만 돌아보면 좋겠어요."

– 패션 웹진「Snapp」인터뷰 내용 중 일부

좋아하는 일로 평생 직업을 정하려는 사람들은 각별히 사업성
을 유념해야 한다. 흔히 좋아하는 일이니까 서둘러 자신의 직업
으로 선택하지만 좋아하는 것에만 치중한 나머지 수익성, 사업성
을 소홀히 하는 경향이 있다. 좋아하면 그만이지 돈이 그렇게 중
요한 것은 아니라는 이상론에 빠지는 경우가 많다. 음악을 좋아
하니까, 미술을 잘하니까, 스포츠를 좋아하니까 나는 이것을 한
다는 사람들은 나중에 후회하기 십상이다. 때문에 이런 분야로
뛰어드는 사람들은 사업성, 수익성, 지속성을 다른 사업모델보다
더 철저히, 더 보수적으로 예측하고 판단해야 한다. 좋아하는 일
일수록 좀 더 집중하고 몰입해야 한다. 남들보다 더 깊고 열정적
으로 말이다.

문제해결의 법칙
Resolve Problems

그녀는 불어불문학을 전공해 졸업한 후 국제올림픽위원회(IOC)에서 일하다 5급 공무원 특채시험에 합격, 교육부 사무관으로 근무를 했다. 누구나 부러워하는 직장에 파워까지 겸비한 워킹우먼이었다. 그러나 이러한 화려한 엘리트 여성에게 문제가 하나 생겼다. 두 아이를 둔 엄마로서 직장과 가사를 병행한다는 게 '악바리'로 통하는 그녀였어도 쉬운 일이 아니었다. 퇴근 후 집에 돌아와 설거지며 청소, 밀린 빨래 등에 치이며 잠자리에 드는 순간까지 고된 가사노동의 연속이었다. 누구나 겪는 대한민국의 일하는 여성의 문제였다. 특히 걸레질은 그녀가 가장 힘겨워하던 가사였다. 무릎을 꿇은 자세로 엎드려 걸레질을 하다 보니 무릎이 상처나기 일쑤였다. 걸레질이 끝나갈 때쯤이면 허리까지 콕콕 쑤셔왔다.

이럴 경우 대부분의 여성들은 어떻게 할까? 아마 여유가 있는 가정이라면 일하는 여성을 고용하거나 그렇지 못하면 남편에게 대신 청소일을 요구할 것이다. 그러나 이 여성은 남들과 다른 생각을 했다. 직접 청소, 특히 걸레질을 하는 청소기를 만들어보자고 나선 것이다. 공학을 전공하거나 경영학을 공부한 것도 아닌데 손수 걸레질하는 청소기를 제품으로 만들어 보기로 결심했다.

그녀는 "로켓을 만들어 우주로 보내는 시대에 걸레질 청소기 하나쯤 개발하지 못하겠느냐는 아주 단순한 생각과 대한민국 주부들의 무릎관절을 보호해야겠다는 생각으로 다소 무모한 결심을 하게 되었다"며 "한국에서 성공하면 비슷한 문화권을 가진 일본과 중국 시장 진출도 가능하리라는 해외시장 공략 계획까지 염두에 두고 있었다"고 말했다. 이 청소기가 바로 주부들을 걸레질 고통에서 해방시킨 스팀청소기다. 그리고 이 이야기의 주인공이 바로 한경희생활과학의 한경희 대표다.

한대표가 화려하고 안정된 직장을 그만두고 사업을 하고자 했을 때 주변의 반대가 심했지만 그 누구도 한대표의 고집을 꺾지는 못했다. 하지만 사업 초기 한대표 역시 숱한 좌절을 겪어야 했다. 기대와 달리 사업은 난관의 연속이었다. 처음에는 5,000만 원 정도로 예상했던 사업자금이 어느 순간 8억 원을 훌쩍 넘어섰다. '제품만 개발해놓으면 사람들이 줄을 서서 사갈 것'이라던 한대표의 자신감이 무색할 정도로 판매망을 확보하지 못해 제품시판도 기약 없이 미뤄졌다.

우여곡절 끝에 2001년 스팀청소기 '스티미'를 출시했고 '주부들을 무릎 걸레질에서 해방시켰다'는 평가를 받으며 이내 주부들의 입소문을 타기 시작했다. 2005년 연매출 500억 원을 올리는 대박을 터뜨렸고 현재는 연매출 1,500억 원대의 알짜기업이 되었다. 한경희생활과학은 국내 최초로 스팀청소기를 선보인 후 10년 만에 스팀청소기 누적판매 1,000만 대라는 대기록을 거두며 국내에서 스팀청소기 대중화를 이끌었다. 누구보다 주부들의 마음을 가장 잘 꿰뚫어볼 수 있는 '주부 CEO'인 한대표가 있었기에 가능했던 일이다.

이후 한대표는 '주부들이 행복해지는 제품'이라는 철학을 앞세워 출시하는 제품마다 줄줄이 히트상품 반열에 올려놓고 있다. 한경희생활과학은 스팀청소기 외에 스팀다리미·살균수제조기·침구전용살균청소기 등으로 다양한 제품 포트폴리오를 구축해가고 있다. 최근에는 마그네슘 프라이팬을 출시하며 주방용품사업에도 진출했다. 국내에서의 성공을 바탕으로 미국과 중국에서도 'HAAN'이라는 브랜드를 내걸고 시장 확대에 박차를 가하고 있다. 국경과 언어가 달라도 '주부들을 위한 제품'은 주부들이 먼저 알아보는 법이다.

어릴 때 미국으로 이민을 간 대만 태생의 청년은 컴퓨터를 가지고 노는 걸 좋아했다. 학교생활은 따분하기만 해 제대로 가지도 않고 집에 처박혀 컴퓨터만 들여다보았다. 2005년 봄, 샌프란시스코의 친구 집에서 여느 날과 같이 밤새워 놀면서 동영상을 찍었다. 그런데 문득 친구들과 함께 찍은 동영상을 공유할 방법이 마땅치 않다는 것을 깨달았다. 일일이 전달하기가 너무 귀찮았던 청년은 찍었던 동영상을 공유하기 위해 직접 동영상 사이트를 만들었다. 이 사이트가 오늘날 세계적인 동영상 공유 사이트 '유튜브(Youtube)'이고, 이 청년이 바로 유튜브의 창업자 스티브 첸(Steve Chen)이다.

모든 성공이 소설에 등장하는 것처럼 어떤 엄청난 계기로 인해 시작되는 건 아니다. 대부분은 아주 '작은 아이디어'나 '작은 필요'에 의해 '충동적'으로 시작되고 '지속적인 보완'과 '개선의 과정'을 거친다. 유튜브의 시작도 그랬다. 공부하기 싫고 게으른 청년들의 작은 불편을 해결하기 위한 아이디어에서 시작된 것이다. 하지만 그렇게 탄생한 사이트는 훗날 세계 최고의 동영상 매체가 되었고 세계 최고의 회사 구글에 16억 달러에 인수되었다.

오늘날 유튜브의 전 세계 사용 인구는 약 10억 명이다. 이는 전체 인터넷 사용 인구의 3분의 1에 해당하는 숫자다. 하루에도 수

십억 건의 조회가 발생하고 있고, 세계 76개 언어로 제공되고 있으며 시청자 수도 매년 40% 정도 증가하고 있다.

세계 최고의 동영상 사이트인 유튜브나 한경희 대표의 기업도 전문가에 의해 거창하게 시작한 것이 아니라 평범한 개인이 자신이 겪는 작은 문제를 해결하는 과정에서 시작되었다는 공통점이 있다. 보통 사람들은 어떤 문제를 접하면 그냥 무시하거나 남의 일로 생각하지만 이들은 그 문제를 자신이 풀겠다는 생각으로 방법을 찾기 시작했다.

생활 속에서 겪고 있는 문제를 그냥 지나치지 말고 자신만의 해결책을 강구해본다면 자신만의 업(業)을 개발할 수 있다. 모든 사람은 살면서, 일하면서 한두 가지 애로나 문제를 겪지 않는 경우는 없다. 이러한 어려움이나 문제 해결을 통해 새로운 기회를 가질 수 있고, 나만의 직업 기회를 창출할 수 있다.

'필요는 창조의 어머니'라는 말이 있다. 문제가 있으면 솔루션을 위한 창조를 하게 된다는 것이다. '세상의 모든 역사는 창조의 결과', '인류의 문제를 푸는 과정이 곧 인류의 역사'라는 말도 있다. 사람들은 자연과 조화롭게, 때론 대립하며 생존해 왔다. 그 문제해결의 과정이 진화이고 역사라고 할 수 있다.

지금 당장 주위를 둘러보라. 사람들은 어떤 것에 애로를 느끼고 어려움을 겪는가? 그중에서 가장 심한 것, 많은 사람들이 불편을 느끼는 것은 어떤 것인가? 그 문제에 덤벼들어라. 그리고 그 문제를 풀어내고자 하는 사고를 통해 창업을 모색해라. 그곳에 길이 있다. 문제의 주변에는 늘 창조의 돌파구가 숨어 있다. 문제는 예기치 못한 창조의 기회를 제공한다. 문제가 창조다!

온라인의 법칙
E-World

우리가 사는 세상을 둘로 나누면 하나는 지금까지 살던 '오프라인' 세상이고 다른 하나는 인터넷이 설립한 '온라인' 세상이다. 그리고 지금은 하나의 세상이 더 있다. 모바일 세상!

과거 사람들은 당연히 오프라인에서 일을 하고 오프라인에서 돈을 벌었다. 그러나 지금은 삶이, 생활이 오프라인과 함께 온라인, 모바일에서 많이 이루어진다. 그리고 갈수록 일상에서 오프라인보다 온라인이나 모바일이 차지하는 비중은 높아지고 있다. 앞으로 직업이나 일도 마찬가지다. 제대로 일을 하려면 온라인이나 모바일을 알아야 한다. 온라인이나 모바일을 자신의 일에 활용해야겠지만 한편으론 여기에서 아예 자신의 일을 찾을 수도 있다. 온라인이나 모바일에서 할 수 있는 일이 너무 많기 때문이다.

예를 들어 온라인에서 자신의 이름으로 웹사이트나 블로그를 만들어 운영하면서 자신의 이야기를 올린다고 가정해보자. 앞에서 언급했듯이 사람들이 모이면, 이야기를 팔 수도 있고, 유명인이 될 수도 있다. 자신이 갖고 있거나 할 수 있는 것을 공개해서 거기에 관심 있는 사람들이 모이면 그와 관련된 아이템을 팔 수도 있다. 자신이 어떤 한 분야의 전문가라면 전문적인 이야기를 올려볼 수도 있다. 사람들이 관심 있어 하면 그것을 팔면 된다. 물론 책으로 출간도 가능하다.

좀 더 나아가 온라인에서 거래를 직접 해볼 수도 있다. 자신이 가진 것을 올려서 팔거나 살 수도 있다. 결재도 온라인으로 가능하다. 배달도 택배업체가 해 준다. 자신이 가지고 있는 것, 자신만이 할 수 있는 것, 자신만이 알고 있는 노하우를 거래할 수 있다는 얘기다. 메이크업과 패션, 화장품에 일가견이 있다면 다른 사람들과 공유하면서 자신의 생각을 파는 것도 가능하다. 자신의 취미를 좀 더 가다듬어 상품화하는 것도 불가능하지 않다. 사람들은 서로 취향이 다르기 때문에 자신에게는 하찮은 것이라도 남들이 보기에는 상품이 될 수 있다. 이미 온라인에서 영웅이 된 사람들이 많다. 자신의 장기나 특기를 살려서 인터넷 거래에서 역대 수익을 올리고 있는 사람들도 부지기수다.

온라인이나 모바일 영역에는 엄청난 기회들이 산재해 있다. 도시에서 농촌을, 한국에서 아프리카를, 노인들이 청년들을, 서로 다른 직업의 사람들을 연결하는 걸 상상할 수 있을 것이다. 오프라인에서 생각지 못한 기회들이 쏟아질 게 분명하다. 오프라인에서 할 수 없던 일들이 온라인에서는 가능하다. 엄청난 거래의 기회와 공유의 영역이 바로 온라인 세상이다.

SNS도 다양한 사업과 일을 할 수 있는 여지를 만들 수 있다. 페이스북이나 카카오톡, 인스타그램이나 트위터 같은 소셜미디어나 공유사이트를 활용하면 자신을 무료로 알리고 세상과 소통하면서 기회를 발견하고 일을 만들 수 있다. 온라인상에 연결된 전 세계 사람들과의 생각을 공유하고 교환하면서 생각지도 못한 아이디어와 기회를 발견할 수 있을 것이다.

앞으로 10년 안에 전 세계의 모든 사람들이 인터넷과 모바일로 연결될 것이라고 한다. 이제는 모든 것이 오프라인에서 온라인으로, 모바일로 이동할 것이다. 모든 사람이 연결되는 초연결 시대가 되는 것이다.

앞으로 세상의 모습이 어떻게 변할지는 상상하기 어렵다. 어떤 수단과 방법들이 펼쳐질지 가늠조차 할 수 없을 정도다. 그만큼 변화는 빠르다. 이제 상품거래나 유통, 사람들 간의 연락이나 관계 유지, 정보공유는 이미 온라인, 모바일 세상으로 완전히 이동했다. 앞으로 더 많은 우리 삶의 영역이 온라인과 모바일로 이동할 것이다.

　온라인이나 모바일 세상은 비용이 많이 들지 않는다. 시간도 단축된다. 육체적인 움직임이나 물리적인 힘으로 하는 것이 아니다. 나이와 관계없이 할 수 있다. 사무실이 필요 없고 SNS를 통해 전 세계로 홍보할 수 있다. 누구나 세계를 상대로 일할 수 있다. 누구나 얼굴 없이 세상의 영웅이 될 수 있다. 새로운 세상이 펼쳐진다. 온라인과 모바일 세상을 장악하자.

연결의 법칙
Network

대학가에서 학생들이 노트를 사지 않아도 매 학기 특정 회사에서 무료로 배포하는 노트를 받을 수 있다. 그런데 이 무료 배포 노트는 유료의 다른 노트와는 차이가 있다. 80여 페이지의 노트 중 10페이지에 특정 기업의 광고가 들어가 있다. 가격상으로는 4,000원 정도 하는 노트지만 이렇게 함으로써 무료가 된다. 이 노트는 전국 180여 개 대학에서 매 학기별로 약 5만 부 정도 인쇄되어 배포된다.

이것이 바로 미국에서 시작되어 2010년에 대한민국에도 도입된 이른바 공짜노트 사업모델이다. 이 비즈니스는 2007년 미국 시카고 노스웨스턴대 경영대학원 '켈로그 스쿨' 학생이 창업한 에이비에스노트북(ABS notebook)이라는 기업에서 시작되었다. 이 아이디어를 2011년 국내에 도입하여 시작한 것이 티엠지코리아의 김재봉 대표였다. 그는 "프리노트는 후원 기업과 학생에게 모두 이득이 되는 '캠퍼스 미디어'"라며 "지하철역에서 무료로 가져가는 신문과 같은 원리"라고 설명했다. 그는 "학생들은 1주일에 평균 4일 동안 프리노트를 들고 다닌다"면서 "또 한 학기 동안 광고가 계속 노출되는 장점이 있다"고 덧붙였다. 광고주로는 주요 대기업이 참여하고 정부부처들도 정부정책을 홍보하기 위해 광고주로 참여하고 있다.

이러한 비즈니스 모델의 특징은 광고주와 학생들을 연결하기만 한다는 것이다. 일종의 플랫폼(Platform) 비즈니스라고 할 수 있다. 기업(광고주)과 고객(학생)을 연결하면서 광고주와 고객 양쪽을 윈-윈하게 하는 아주 좋은 모델이다.

비슷한 사업모델이 또 있다. 하루에 무려 2,600여만 개가 소비된다는 종이컵에 광고를 인쇄하여 컵을 무료로 공급하는 방식의 비즈니스다. 역시 컵 비용은 광고주가 지불하고 사람들은 컵을 무료로 제공받는다. 대한민국에서는 현재 애니컵과 컵피아라는 곳에서 이러한 방식의 비즈니스를 하고 있다. 기업의 광고를 인쇄하여 컵에 부착하고 컵은 주로 대학이나 PC방, 학원 등에 공급하는 프랜차이즈 방식으로 사업을 진행하고 있다. 이 기업들은 비용은 전혀 들이지 않고 광고주의 메시지를 고객에게 전달함으로써 수익을 창출하고 있다.

이런 비즈니스 방식은 종이 복사나 프린팅 현장에서도 이루어지고 있다. 즉 복사지나 프린팅 용지 여백에 일정한 광고를 삽입하는 대신 복사나 프린트를 하려는 사람들은 무료로 제공받게 되는 비즈니스다. 프리노트 서비스와 비슷한 개념으로 대한민국에서는 ㈜애드투페이퍼라는 회사에서 이 서비스를 실시하고 있다. 복사장치를 설치한 후 복사하는 그 양에 따라 광고비를 청구한다. 복사양이 많을수록 더 많은 수익을 창출할 수 있다. 주로 대학가나 학원과 같이 복사나 프린팅 수요가 많은 곳에서 가능한 사업으로, 학생들은 광고 용지에 무료로 복사를 할 수 있고, 광고주인 기업은 젊은 고객들에게 노출효과가 높은 광고를 할 수 있다. 전국 대상의 프랜차이즈 사업으로 할 수 있으며 초기 비용이 거의 들지 않는다. 지금까지 3,600만 장의 무료 프린팅이 이루어졌고, 현재 전국 120여 개 대학과 4,200여 개의 무료 프린팅 존에서 서비스되고 있으며, 46만 명의 대학생이 이용하고 있다.

사실 인터넷과 모바일, SNS 시대에 온라인과 모바일 기술을 동원한 대부분의 비즈니스는 이러한 연결의 개념을 내포하고 있다. 온라인에 거래의 장을 만들어 놓고 파는 사람과 사는 사람을 연결하는 대부분의 비즈니스는 이러한 연결의 비즈니스다. 온라인 쇼핑몰, 중고품 거래 사이트, 여행안내 사이트, 직업 안내 사이트 등 모든 온라인 사이트는 여기에 해당된다고 할 수 있다.

　이처럼 네트워크를 통한 비즈니스의 특징은 다른 사람들의 수요와 공급을 연결해 주기만 하면 되기 때문에 사업자의 자금이 크게 투자되지 않는다는 것이다. 물론 수요와 공급의 간극이 있는 시장을 발견하고 수요자와 공급자를 연결하는 전략적 고민과 선택은 해야 하지만 직접 아이템을 개발하고 시장을 개척하는 것에 비하면 다소 수월한 모델일 수 있다. 아무리 찾아도 스스로 할 수 있는 사업 아이템이 없다면 다른 사람들이 하는 것을 찾아서 연결해 보자. 생각보다 많은 기회가 있고 위험성 또한 상대적으로 낮다.

트렌드의 법칙
Eye Catching Issues

창업할 수 있는 마땅한 분야가 없다고 여겨질 때 사회에서 유행하거나 이슈화되는 트렌드를 파악해보라. 예를 들어, 건강과 환경 분야는 모든 사람이 관심을 갖고 있고, 사회적으로도 항상 큰 이슈가 되는 시장이다. 삶의 질이 개선되고 약학 및 의학이 발달함에 따라 사람들의 건강에 대한 관심은 나날이 높아지고 있다. 젊은이들을 대상으로 하는 미용과 뷰티 시장 역시 계속해서 커질 수밖에 없다. 이런 시장은 지속적으로 트렌드를 양산해나가며 확대될 것이다.

글로벌화와 관련된 일들 역시 갈수록 늘어날 전망이다. 이제 우리는 주위에서 외국인을 쉽게 볼 수 있다. 다문화가정은 계속해서 증가하고 있다. 농촌에 거주하는 남성의 25%가 외국인 신부와 결혼하는 것으로 조사되었다. 외국인을 대상으로 하는 국제 홈스테이 중개인, 세계 문화 코디네이터, 세계 도시 전문가, 다문화가정 컨설턴트, 쉬운 한국어 전문가, 다문화기업 기획자, 외국인 불만 처리전문가 등도 생각해볼 수 있는 일들이다.

고령화 시대의 트렌드를 읽는 것도 중요하다. 실버 컨설턴트, 고령자 주택전문가, 요양시설 거주자 평가 전문가, 노인건강증진사, 시니어 채용 알선 전문가, 노인들 대안놀이 전문가, 노인독서 전문가, 시니어 문화재 지킴이, 라이프 스토리 이야기꾼, 시니어 여행전문가, 시니어 패션 디자이너, 시니어 학교, 전국 노인정 네트워크, 묘지 설계사, 유언 작성가, 인생정리 어드바이저, 황혼이혼 상담 전문가 등도 고령화 트렌드에 맞게 새롭게 등장한 사업 분야다.

문화예술에 대한 대중의 관심 역시 날로 커지고 있다. 연예인은 이 시대에 새롭게 등장한 귀족세력으로, 엄청난 팬덤을 거느리며 우리 생활에 깊숙이 침투되어 있다. 그 트렌드에 걸맞게 다양한 사업들도 속속 생겨나고 있다.

농촌, 농업 관련 일도 새롭게 떠오르고 있는 트렌드 중 하나다. 한때 홀대 받았던 농경 산업은 지자체의 지원을 바탕으로 점점 확대되는 추세다. 산촌 유학 운영자, 농촌 이색호텔 운영자, 한옥 관리사, 마을 안내원, 대학생 이장, 온돌연구소, 천적 농업기업, 농촌생활 지역센터장, 농촌정착기금 운영자, 친환경 관광사업가,

유기농 코디네이터, 농업 발명가, 명품한우 사육사, 도농 교류 전문가 등도 충분히 창직, 창업이 가능하다.

이처럼 새로운 트렌드를 주도면밀하게 살펴 남들이 가지 않은 길을 재빨리 선점하는 건 시대를 막론하고 성공하는 지름길이다. 우리가 사는 세계는 초 단위로 변화하는 세계다. 변화무쌍한 세계의 흐름에 제대로 올라타지 못하면 곧바로 도태되고 뒤처질 수밖에 없다. 트렌드를 읽어라. 그러면 무엇을 해야 할지 보일 것이다.

글로벌의 법칙
Universal

지금처럼 개방되고 세계화가 진전된 상황에서 일자리나 사업의 기회를 국내에서만 찾는다는 것은 다소 구시대적인 발상이다. 더구나 경제의 저성장기조가 본격화되고 있고 고용 없는 성장이 이어지면서 국내 기업들은 해외로의 이전을 본격화하고 있다. 고용시장이 정체되어 있는 만큼 청년들의 실업률은 개선될 기미가 보이지 않는다.

이럴 때 해외로 나가는 것을 적극적으로 고려해 볼 필요가 있다. 더구나 지금은 한류 붐이 전 세계적으로 확대되고 있고 한국 기업의 해외진출이 본격화됨에 따라 해외에서 취업을 하거나 독자적으로 비즈니스를 할 기회가 폭발적으로 증가하고 있다.

2014년 대통령 직속 청년위원회는 해외진출에 관심이 높은 청년들을 지원하기 위해 해외 취업 및 창업 유망 국가를 선별하기 위한 연구용역을 실시하여 그 결과를 발표했다. 분석 대상 국가는 대한민국 기업이 진출한 103개 국가로 했으며 해당 국가의 시장 규모, 성장성, 진입 용이성, 국내인력에 대한 수요 등을 종합적으로 고려했을 때, 대한민국 청년이 취업할 수 있는 여건이 상대적으로 우수한 국가를 선정했다. 1차로 45개 국가를 선정하고, 최종적으로 10개 국가를 해외 진출 유망 국가로 선정했다.

연구결과에 따르면 청년들의 선호가 높은 독일, 미국, 호주 등 외에도 아시아 선진국(일본, 싱가포르), 중동(카타르, 아랍에미리트), 동남아 개도국(베트남) 역시 해외 취업에 도전해 볼 만한 국가인 것으로 나타났다.

독일은 산업성장세가 견고하며 2025년까지 500만 명의 전문인력이 필요할 것으로 예상된다. 취업비자 발급 조건이 완화되어 외국인의 취업이 비교적 용이하고, IT, 기계와 자동차 엔지니어 등에서 인력 수요가 높다. 미국은 경기회복세와 맞물려 외국 인력 채용 수요가 급상승하고 있고, 영어 실력을 갖춘 대한민국 인력이 인턴 기간을 거쳐 취업하는 사례가 확대되고 있으며, 국내 기업의 현지법인 설립이 활발해 채용 수요가 증가하고 있다. 베트남은 대졸 이상 고급인력, 관리인력에 대한 채용 수요가 늘고 있다.

베트남어 혹은 영어 구사가 가능하면 외국인 투자기업, 현지진출 기업에 대한 취업 기회가 많다. 대한민국과의 접근성이 양호한 점도 하나의 장점이다. 싱가포르는 해외 인재 유치에 적극적이며, 대한민국 인력에 대한 인지도가 높아 현지 리쿠르팅 기업 다수가 한국인 채용 전담팀을 보유하고 있다.

오스트리아는 실업률이 EU 최저로, 외국인 고급인력 유치를 적극적으로 추진 중이다. 전문인력이 부족한 직종에 대한 취업비자 획득이 용이하고, 유럽의 중심이라는 지리적 이점 때문에 국내 기업의 진출이 활발하다. 아랍에미리트는 외국인 인력에 대한 의존도가 약 90%에 달하고 있어 취업비자 획득이 용이하고, 국내 기업이 참여하는 장기 프로젝트가 현지에서 다수 진행되고 있어 관리직에 대한 채용 수요가 높다.

일본은 인력 부족 직종에 대한 취업비자 획득이 비교적 용이하고 50만 명 이상의 IT 인력 확보를 추진 중이며, 특히 소프트웨어 개발 인력에 대한 수요가 높다. 대한민국 인력에 대한 인지도가 높으며 지리적 인접성도 강점으로 작용한다.

카타르는 실업률이 매우 낮고 외국 인력에 대한 의존도가 높아 취업비자 획득이 용이하며, 국내 기업의 현지진출이 활발한 가운데 한류가 확산되어 대한민국 인력에 대한 인지도가 높다.

호주는 연간 20~40만 명의 숙련노동자 이민을 받고 있다. 인력 부족 직군에 대해서는 취업이 용이하고 연봉 수준도 높은 편이고, 최장 2년간 워킹홀리데이 체류가 가능해 언어 숙달 및 취업 정보 획득에 용이하다.

홍콩은 실업률이 낮고 취업비자 획득 및 연장이 비교적 용이하며 대한민국의 6대 교역국으로서 경제적 교류가 활발하고 지리적 접근성이 우수하다. 현지진출 기업의 국내인력 채용 수요도 많다.

고용노동부와 한국산업인력공단은 지난해 해외 취업 정보제공 사이트였던 월드잡을 해외통합정보망 월드잡플러스(www.worldjob.or.kr)로 개편했다. 월드잡플러스는 각 부처 및 시행기관별로 분산된 14개 기관의 사업을 통합하고 8개 기관과 연계해 총 22개 기관의 27개 해외 진출 관련 사업 정보를 제공하고 있다. 해외 취업·연수·인턴·봉사·창업 등의 정보를 홈페이지에서 확인할 수 있다.

국가별 공고 현황도 확인이 가능해 바로 지원할 수 있다. 국가별 취업 필수정보인 생활정보·유망직종·비자·법·제도 등에 대한 지원도 강화했다. 특히 SNS 매쉬업(트위터, 페이스북)을 메인화면에 구성해 각 부처에서 제공하는 해외 진출 정보의 실시간 확인이 가능하다.

월드잡플러스는 온·오프라인 서비스를 통합하는 가교 역할을 하고 있다. 대표적인 사례가 케이무브(K-Move) 사업이다. 이 사업은 청년들의 해외진출을 위해 정부가 수행하고 있는 것이다. 월드잡플러스는 'K-Move' 사업의 프로그램 중 하나인 'K-Move School'과 'K-Move Mentoring' 등의 오프라인 프로그램에 대한 정보와 간편 지원 기능을 하고 있다.

중소기업청에서는 창업 초기부터 세계시장에서 경쟁력을 가질 수 있는 '태생부터 세계적인 기업(Born to be Global)'으로 육성하기 위해 'K-App 글로벌 마켓 진출 지원 사업'을 2014년 5월부터 시작했다.

'K-App 글로벌 마켓 진출 지원 사업'은 크게 3개의 세부사업으로 나누어 총 63개의 애플리케이션 및 서비스를 선정, 글로벌 마켓 진출을 지원했다. 기존 글로벌 지원이 단순 번역, 퍼블리싱 등 마케팅 툴을 제공하는 것에 그쳤던 반면, 2016년부터는 직접 싱가포르, 이스라엘, 미국 동부 등 현지에서의 창업 환경에 대한 이해, 비즈 매칭, 네트워킹과 더불어 해외투자 유치까지 도전하는 'K-App' 글로벌 시장개척단 파견 사업을 시행하고 있다.

전문가들은 청년층이 해외 시장에서 기회를 적극적으로 찾을 필요가 있다고 조언한다. 해외에서 인턴이나 자원봉사자로 활동하거나 공부한 경험이 있는 젊은층의 숫자가 늘고 있는 데다, 개

방적이고 외국어 구사 능력을 갖춘 인재가 많아 어느 때보다 성
공할 가능성이 높다. 실제로 많은 수의 젊은 구직자들은 국내 취
업 시장에서 횡행하는 고만고만한 '스펙' 쌓기, 답답한 기업 문화
의 대안을 찾고 싶다는 반응을 보이고 있다. 마찬가지로 창업에
있어서도 국내보다는 해외로 눈을 돌려 세계화에 발맞추는 것이
블루오션을 개척하는 또 하나의 길이 될 것이다.

자선의 법칙
Rescue

2006년 어느 날 미국의 레이크 마이코스키라는 29세의 청년이 아르헨티나로 휴가를 떠났다가 신발도 없이 맨발로 다니는 아이들을 만났다. 아이들의 작은 발은 물집과 상처로 엉망이었다. 아이들을 도울 방법을 고민하다가 청년의 아르헨티나 체류는 길어지기 시작했다. 청년은 아이들을 위해 뭔가 하고 싶었다. 여러 생각이 오갔다.

'나만의 기부 운동을 펼칠까? 하지만 내가 기부자를 계속 찾아내지 못하면 이 사업은 지속될 수 없겠지? 꾸준하면서도 믿을 만한 공급책이 필요해. 이 아이들에게 신발을 제공할 수 있는 영리 목적의 사업을 시작하면 어떨까? 기부가 아니라 사업에서 해결책을 찾아야 해!'

우선 자신이 가장 잘하는 것부터 떠올렸다. 마이코스키의 특기는 '사업'이었다. 첫 창업은 18세 때 세운 대학가 세탁물 배달업체. 이후 리얼리티 전문 케이블업체도 열고, 운동 강습 프로그램도 진행했다. 네 번째 사업이었던 온라인 운전 강습 프로그램도 승승장구하고 있던 차였다.

"신발을 기부할 수 있는 사업을 꾸리자. 그리고 매력적인 이야기를 곁들이자."

결론은 '1대 1(One for One) 기부'였다. 신발 한 켤레를 팔 때마다 한 켤레를 기부하는 모델을 구상했다. 수수료도 복잡한 절차도 없다. 이해하기도 쉽다. 전략은 단순했다. 광고를 하는 대신 신발을 산 사람들을 모두 이야기 전파자로 만드는 것.

아르헨티나 사람들이 즐겨 신는 전통 신발 '알파르가타'를 응용해 신발을 만들어 미국에 내놓기로 했다. 회사 이름은 '탐스(TOMS)'로 지었다. '더 나은 내일을 위한 신발(Tomorrow's Shoes)'의 줄임말이었다. 처음에는 250켤레를 제작해 미국 내 소매상을 무작정 찾았다. 가게들은 하나둘씩 탐스를 들여놓기 시작했다. 『LA 타임스』 등 언론들이 회사의 스토리를 소개하면서 인지도도 높아졌다.

1만 켤레의 탐스가 팔리자 마이코스키는 그만큼의 신발을 들고 아르헨티나로 떠났다. 창업한 지 아홉 달이 지난 후였다. 10일 동안 학교와 탁아소 등을 돌며 신발을 나눠줬다. 그가 아이들의 발에 신발을 신겨주는 영상은 유튜브에서 인기를 끌었다. 탐스 '팬'들이 적극적으로 나서서 공유한 덕이었다.

탐스의 이야기에 살을 붙인 것도 팬들의 몫이었다. 미국 페퍼다 인대의 탐스클럽 학생들은 신발 없이 사는 아이들의 고통을 체험 하기 위해 2008년 맨발로 교정을 걷는 행사를 열었다. 마이코스 키는 이를 바로 응용했다. '신발 없는 하루'라는 이름을 붙여 공식 적인 연례행사로 키운 것이다. 그는 "사람들은 예쁜 신발을 샀다 는 것보다 미담을 후원하고 있다는 얘기를 전하고 싶어 한다"며 "그들은 구매자라기보다는 후원자"라고 말했다.

그로부터 7년 후인 2013년 7월, 탐스가 가난한 나라 어린이들 에게 나눠준 신발은 1,000만 켤레를 넘어섰다. 하나가 팔리면 하 나를 기부하는 기부 프로그램이니, 전 세계에서 1,000만 켤레의 탐스 신발이 팔렸다는 뜻이다. 그 후 마이코스키는 백내장을 앓 고 있는 아이들에게 도움을 주고자 시력교정용 안경인 아이웨이 (Eye Wear)를 역시 같은 방식으로 지원하고 있다.

'One for One'이라고 불리는 탐스 신발 기부 프로그램은 유사 한 사업의 유행을 낳았다. 국내 창업지망생들 중에서도 안경 혹 은 콘택트렌즈를 하나 사면 저개발지역에 하나씩 보내준다거나 시리얼을 한 봉지 사면 저소득 지역의 아동센터에 시리얼을 한 봉 지 보내준다거나 하는 아이템으로 사회적 기업을 세우겠다는 사람들이 생겼다.

탐스 신발은 어려운 어린이들을 돕기 위한 생각에서 시작되었다. 처음부터 돈을 벌려고 하는 사업은 아니었다. 물론 탐스 신발이 어려운 사람을 돕는다는 명분을 앞세워 자기 사업을 했다는 일부 비판이 있기도 하지만, 남을 돕는 아이디어에서 사업으로 연결되었다는 것이 특이점이다. 남을 돕는 목적으로 돈을 벌 수 없다는 지금까지의 통념을 깨고 남도 돕고 돈도 버는 모델을 보여 줬다는 것이 성공 포인트이다. 더구나 남을 돕는다는 명분이 오히려 사업의 성공을 촉진시키는 명분이 되고, 구매층 스스로가 수요를 창출하게끔 유도함으로써 사업 성장을 촉진시키는 역할을 했다.

한비야 씨는 원래 영문과를 졸업한 작가였다. 그러나 개발도상국이나 네팔과 같은 오지를 여행하면서 현지인들의 열악한 생활 환경과 특히 어린이들의 처참한 생활 여건에 충격을 받은 뒤 구호 전문가가 되기로 결심했다. 그리고 뒤늦게 유학을 떠나 구호와 지원을 공부하고 '월드비전 한국'에서 9년간 국제구호활동을 하게 된다.

지금 한비야 씨는 작가라는 타이틀보다는 오지 여행가, 국제구호 전문가로 더 알려져 있다. 한비야 씨가 대중적으로 알려지면서 그녀의 활동을 돕거나 자원봉사하려는 사람도 많아지고 있다. 한비야 씨는 이 활동으로 대학생들이 닮고 싶은 인물에 선정되기도 했고 여행과 구호와 관련된 8권의 책을 출간하기도 했다. 한비야 씨는 사업가는 아니지만 남을 도우면서 유명인이 된 사례다.

결론적으로, 남을 돕는 일을 통해서도 자신의 일을 충분히 개발할 수 있다. 잘하면 그것이 사업이 될 수 있고 자신의 평생 직업도 될 수 있다.

지금까지 남을 돕는 일이라고 하면 대부분 그냥 일시적으로 가서 봉사하는 것이거나 자신보다 못한 처지의 사람에게 뭔가를 베푸는 것이라고 생각해 왔다. 때문에 오래도록 지속되지 못하고 생색내기에 그치는 경우가 많았다. 따라서 앞으로 남을 돕는 것을 체계적으로 지속하기 위해서는 비즈니스 개념이 적용되어야 한다. 그래야 오래 할 수 있고 효과도 낼 수 있다.

최근 확산되고 있는 사회적 기업(Social Venture)이 유사한 취지에서 시작되었다. 사회적 기업이란 사회적 취약계층에 일자리나 사회 서비스를 제공하여 삶의 질을 높이는 등의 사회적 목적을 갖고, 재화, 서비스의 생산 및 판매 등 영업활동을 수행하는 기업을 말하는데, 사회적 기업육성법에 따라 대한민국 고용노동부 장관이 지정하도록 하고 있다. 일정한 요건을 충족할 경우 사회적 기업으로 지정하고 초기에는 정부 지원금을 지급하여 창업기업의 정착에 도움을 주고 있다.

남들을 돕는 일을 생각해보라. 주변에 어려움에 처해 있는 사람, 불우한 사람, 취약한 사람, 소외된 사람들은 없는가? 그들을 구체적으로 도울 수 있는 방법은 무엇일까? 좀 더 체계적이고 전문적으로 도울 수 있는 방법은 무엇일까? 그 도움을 지원해주는 곳은 없을까? 아니면 지원을 요청해 볼 수 있는 곳은 없을까? 기업이나 정부로부터 기부를 유치할 수는 없을까? 여러 사람이 같이 도와줄 수는 없을까?

주변을 둘러보면 노약자, 장애인, 취약계층 사람들, 저소득층 사람들, 환자, 외국인 노동자, 다문화 가정주부, 소년 소녀 가장 등 어려움에 처한 사람들이 많다. 이러한 사람들을 도와주는 방법이 없을까를 고민하기 시작하면 새로운 일을 많이 만들 수 있다. 『세상을 바꾸는 천 개의 직업』이라는 책을 낸 박원순 현 서울시장은 미래에 생길 직업으로 남을 돕는 직업이 큰 흐름을 주도할 것이라고 말했다.

그는 책을 통해 사회적 약자를 위한 직업으로 다음과 같은 것들을 제안한다. 버려지는 아이들을 위한 베이비뱅크 운영자, 입양아를 위한 운동가, 희귀질병 서포터즈, 사형수를 위한 이별동무, 언론으로부터의 명예회복 전문가, 시민수급권 전문가, 외로운 사람들을 위한 응원 도우미, 외국인 지원 서비스, 저소득층을 위한 태양열 난방기구 전문가, 단전단수 가구를 위한 지원전문가, 장애인을 위한 맞춤형 제품 디자이너, 장애인을 위한 지도 제작 서비스, 장애인 부모 학교, 장애인 짝꿍 튜터, 장애인들의 공동체 공장 설립 전문가, 장애인 가족 지원 및 치유 전문가, 장애인을 위한 전문 여행사, 장애 관련 설비 전문가, 장애인 커뮤니티 조성가, 노인들 대안놀이 전문가, 노인들 독서 전문가, 시니어 여행 전문가, 시니어 패션 전문가, 시니어 학교장, 전국 노인정 네트워크, 노인정을 위한 콩나물 사업단, 묘지 설계사, 장례디자이너, 유언 작성 전문가, 인생정리 자문가, 황혼 이혼 전문 상담사 등 수도 없이 많다. 심지어 한인 동포 교육전문가, 공정무역 사업가, 외국인 대상 쉬운 한국어 전문가, 고부갈등 전문 해결사, 노인 말벗 전문가도 제안하고 있다.

발상을 전환하면 나보다 어려운 사람, 취약계층, 노인들을 위해 할 일이 엄청나게 많다는 걸 알게 될 것이다. 이런 곳에서 미래의 내 일을 찾아보는 것도 하나의 방법이 될 수 있다. 선의(善意)는 개인적인 호응도가 높을 뿐 아니라 사회로부터의 관심도 집중시킬 수 있는 강력한 사업 수단이 될 수 있다. 생각지 않은 고객과 시장이 생길 수도 있고 주변의 사람들이 여러분의 홍보맨이 되어줄 수도 있을 것이다. 일의 명분과 스토리를 개발할 때 선의를 연

결시킬 수 있는지를 고심해라. 선의로 연결된 자발적인 후원자가
창업 성공의 키가 되어줄 가능성은 충분하다.

지금
당장
시작하라

05

기업가
인생을
설계하라

대한민국 대학 도서관 책상 위에서 가장 흔하게 발견되는 책이 영어책과 법학책이라고 한다. 학생들이 공무원을 그만큼 선호하기 때문이다. 2015년 서울시 9급 공무원 채용시험에 22만 명이 몰렸다. 경쟁률만 54대 1이다. 청년들이 왜 이렇게 공무원으로 몰려들까? 기본적으로 대한민국 사회 전체에 퍼져 있는 안정 추구 성향의 결과라 할 수 있다. 우선 청년들은 직업세계에 대한 경험이나 지식이 일천하다. 주위나 부모들의 영향을 받을 수밖에 없고 사회 분위기에 영향을 받을 수밖에 없다. 때문에 이 책에서 지적하는 사회 변화의 흐름이나 직업세계의 속사정에 대한 이해가 낮다. 그러므로 주위의 권유대로 안정된다고 일컬어지는 공무원을 지원할 수밖에 없다.

엄격하게 보면 현재의 청년들에게는 인생철학이나 직업비전에 대한 체계적인 고민이 없다고 보는 것이 맞을 것이다. 앞으로 닥칠 직업세계에 대한 학습이나 준비가 제대로 되어 있지 않은 상황에서 그냥 사회생활을 시작하는 것이다. 사회 분위기나 주위 정서를 보면 공무원을 하거나 안정된 직장에서 일하는 것이 최악의 시나리오를 피하는 가장 안전한 선택으로 보이기 때문이다. 청년들을 탓할 수는 없을 것 같다.

그러나 이제는 달리 접근해야 한다. 시대가 바뀌었음을 알아야 한다. 직업세계에 빅뱅이 왔다. 인생을 통째로 뒤집어봐야 한다. 하는 일도, 일할 곳도, 일하는 방식도 바꾸어야 한다. 청년들이 인생 전체의 그림을 다시 그려야 한다. 삶의 가치관을 바꿔야 한다는 얘기다. 지금은 그 필요성이나 심각성에 대해서 감이 오지 않을 수 있겠지만 인생 후반에 후회하지 않기 위해서라도 당장 모든 것을 바꾸어야 한다.

취업 비전이 아니라 창업 비전을 그려야 한다

지금까지 우리나라 대부분의 기성세대들은 직장에 취직해 일하고 봉급을 받으며 살아왔다. 그게 제일 쉬운 방법이었다. 들어갈 직장도 많았고, 정년까지 오래 다닐 수 있었다. 인생을 맡겨도 될 만했다. 그러나 그들의 자녀가 성인이 된 이제는 상황이 완전히 바뀌었다. 취직 자체도 어렵고, 막상 회사에 들어가도 언제까지 다닐 수 있을지 불확실하다. 직장에 취업하는 것으로는 근본적인 대책이 될 수 없다. 자신이 스스로의 인생을 책임지는 수밖에 없게 되었다. 좋든 싫든 스스로 일을 만드는 수밖에 없다. 즉 창업의 길밖에 없는 것이다.

물론 창업은 취업에 비하면 훨씬 불확실하고 어렵다. 그래서 과거에는 특별한 경우에만 예외적으로 창업을 했다. 그러나 내 인생을 당당하고 주도적으로, 또 자유롭게 살기 위해서는 누구나 창업을 해야 한다. 창업이 선택이 아닌 필수인 시대가 되었다. 무슨 일을 하며 살아갈 수 있을지를 진지하게 고민해야 한다. 어떤 직장에 취업할까를 고민할 게 아니라 어떤 일을 내 일로 만들어 살아갈까를 비전으로 삼아야 한다.

직장인의 비전이 아니라 기업가의 비전이어야 한다

어떤 직장에 취업해 얼마의 연봉을 받을 것인가를 그릴 것이 아니라 세상에 없는 것을 만들어 보이지 않는 기회를 창출해 사람들을 모으고, 돈을 버는 기업가의 꿈을 그려야 한다. 사무실 책상에 앉아 보고서를 꾸미는 일이 아니라 당장 거리로 나가서 사람들을 붙들고 무엇을 팔아보는 연습을 해야 한다. 주말이 되면 친구들과 놀 계획을 세우는 것이 아니라 거리로 나가 아이템을 물색하고 그 분야의 전문가들을 찾아 만나야 한다. 당장은 어렵고 황당할 수 있지만 학습하고 경험하고 시도하면서 자신을 사회에 노출시키고 단련시켜야 한다. 청년 시절부터 안정된 일, 정해진 일, 남이 시키는 일만 하면 나중에 아무것도 할 수 없게 된다. 사회 초년생 때부터 남이 기피하는 험한 일, 누구도 하지 않았던 일에 도전하고, 실패를 각오하고 큰일을 저지르는 연습을 해야 한다.

안정의 비전이 아니라 도전과 모험의 비전이어야 한다

대한민국의 학교 성적 우수자들은 대부분 판검사나 의사, 약사를 직업으로 선호한다. 출신 지역이나 적성, 집안배경에 관계없이 무조건 가고 보는 직업들이다. 그런데 미국의 학교 성적 우수자들은 많은 경우 창업이나 투자업, 금융업 등을 선호한다. 큰 직장보다는 자신의 능력을 발휘하고, 자신의 일을 만들 수 있는 업종을 선호하는 것이다.

몇 살에 얼마의 연봉을 받겠다는 비전을 세우는 게 아니라 인생을 통틀어 무엇을 경험하고 이룰 것인가를 계획해야 한다. 나이가 들수록 조직에서 승진하여 지위가 올라가고 남을 부리면서 편하게 일하는 관료적 비전이 아니라 나이에 관계없이 불확실에 도전하고 새로운 일을 벌이는 평생 청춘의 비전이어야 한다. 인생은 무엇인가를 발견하고 이루며 경험하는 과정이어야 한다. 배가

진정한 가치를 드러내는 곳은 조용히 정박해 있는 항구가 아니라 거센 바람이 몰아치는 바다 한가운데다. 배는 바다를 항해하기 위해 만들어진 것이다. 사람도 편안한 곳에서 조용히 살기보다는 거친 바다 속으로 나아가서 풍랑을 맞고 뒤집히고, 거센 파도에 좌초되기도 해야 한다. 그때서야 진정한 인생의 가치와 의미를 깨달을 수 있다. 역설적이지만 폭풍의 광야로 나가는 비전을 그려야 한다. 그래야만 살아남을 수 있다.

'인생 70'이 아니라 '인생 120'의 비전이어야 한다

지금 태어나는 아이들은 거의 120세까지 살 것이라는 연구보고가 있다. 의술의 발달을 보면 충분히 가능한 일이라고 본다. 그러면 우리는 100세까지 일할 수 있도록 우리 인생 비전을 재설정해야 한다. 지금처럼 60~70세까지만 일하면 40~50년을 일 없이 지내야 하는 상황이 온다. 이러한 상황을 타개하기 위해서는 지금까지와는 전혀 다른 일과 방식, 문화를 이해하고 모색해야 할 수밖에 없다.

세계를 누비는 비전이어야 한다

앞으로는 해외 네트워크가 없는 기업이나 조직은 거의 사라질 것이다. 모든 조직은 확장될 수밖에 없으며 때문에 국내에만 머물 수 있을 거라는 보장은 없다. 언제든지 해외로 나갈 수 있는 준비를 해야 한다. 일자리를 구하거나 사업을 하더라도 해외 시장을 모르면 제대로 할 수가 없다. 국내 시장은 너무 좁다. 일자리 기획이나 창업 기회를 모색할 때 전 세계를 무대로 생각하지 못하면 그만큼의 시장을 놓치게 되는 것이다. 글로벌 마인드로 인생을 설계해야 한다.

이제까지는 없던 비전이어야 한다

지금 청년들이 사회 주역으로 살아갈 앞으로 50년은 인류 역사상 가장 총체적인 변화를 가장 빠른 속도로 겪을 것이라고 한다. 기술의 발전이 초래하는 고용과 일자리의 혁명뿐 아니라 거기서 파생되는 크고 작은 변화들은 우리의 삶을 뿌리부터 흔들어 놓을 것이다. 직장이나 직업, 일자리나 고용 형태, 기업이나 경영 패턴도 지금까지는 없던 것들로 채워질 것이다. 지금의 청년들과 청소년들은 훗날 지금은 없는 일을 직업으로 삼아 먹고살 것이다. 2016년 1월 스위스 다보스 포럼에서는 "현재 7세의 어린이 중 65%는 성인이 된 후 지금까지는 없던 직업에 종사하게 될 것이다"라고 발표했다.

청년들은 각자의 인생 비전을 만들되 과거의 것을 참고하지 말고 전혀 새로운 것을 만들어야 한다.

일하는 비전이 아니라 즐기는 비전이어야 한다

일의 개념을 바꾸어야 한다. 지금까지 일은 하기 싫지만 억지로라도 해야 하는 인간의 의무였다. 그러나 이제는 일에 대한 개념을 바꾸어야 한다. 모든 인간이 평생 해야 하는 일을 어쩔 수 없이 해야 하는 인간의 굴레로 정의하는 건 비극이다. 일은 즐거워야 한다. 인간은 일로 행복해져야 한다.

사람에게 '행복'은 가장 높은 가치다. 내 인생을 살아가며 어떤 일을, 어떻게 하면 가장 행복할 것인가를 지금부터 고민하고 준비해야 한다. 선택의 가장 우선적인 기준은 행복과 즐거움이다.

경계를 깨고
월장하라

마이크로소프트의 빌 게이츠, 애플의 스티브 잡스, 페이스북의 마크 저커버그, 유명 방송인 오프라 윈프리의 공통점은 무엇일까? 자기 분야에서 큰 성공을 거두었으며, 모두 대학을 중도에 그만뒀다는 점이다. 이들은 대학을 가지 않아도 큰 성공을 거둘수 있다는 사례로 흔히 인용되곤 한다. 빌 게이츠는 2013년 한국을 방문해 서울대학교에서 열린 특강에서 "왜 하버드대학을 중퇴했습니까?"라는 학생의 질문에 다음과 같이 답했다.

"사실 우리 부모님은 제가 하버드대를 중퇴한다고 말했을 때 별로 기뻐하지 않았죠. 부모님은 저를 값비싼 사립고등학교에 보내주셨고 대학 등록금도 내주셨어요. 그런데 몇 년 후 마이크로소프트라는 회사를 만들 정말 특별한 기회가 오게 된 거예요. 당시 컴퓨터에 마이크로프로세서 칩을 넣기 시작했는데 그건 컴퓨터 시장의 판도를 바꾸게 된 역사적인 일이었어요. 사람들은 그게 어떤 의미를 가지는지를 잘 몰랐어요. IBM과 같은 회사들도 그때에는 퍼스널 컴퓨팅이 어느 방향으로 흘러가게 될지를 잘 모르고 있었어요. 마침 폴 알렌(MS 공동창업자)과 저는 퍼스널 컴퓨팅의 중요성을 알고 있었고 그 흐름을 잡아야 한다고 생각했습니다. 그렇게 하다 보니 저는 학위를 딸 시간이 없었고 그래서 중퇴하기로 선택했습니다."

그는 1975년 자본금 1,500달러로 마이크로소프트를 창업해 회사의 성장과 함께 세계 최고의 부자로 거듭났다.

직업적 성공에 있어 학교교육의 기여도가 그리 크지 않다는 건 이제 많은 사람들이 공감하는 사실이다. 실제로 많은 사람들이 대학에서의 전공과 관련 없는 일을 직업으로 삼고 살아가고 있다. 실제 사회에서는 한 분야의 전공지식을 필요로 하는 경우가 거의 없다. 대부분 다양한 분야의 종합적 지식과 판단을 요구하고 있다. 따라서 다양한 분야의 지식과 경험을 융합하고 조화시킬 수 있는가가 앞으로 더 중요한 요소가 될 것이다.

대학에서는 단편적인 이론을 가르치거나 한 분야의 전공에 치중한다. 학생들의 다양한 개성이나 다름을 고려하지 않는 획일적인 교육을 지향한다. 각자의 개성을 살리기보다는 전체적인 흐름에 순응하는 것을 강조한다. 다시 말해 조직의 리더보다는 조직의 구성원이 되는 것에 더 적합한 교육인 셈이다. 모든 사람이 필요한 기초 교육을 단편적으로 배우는 데는 적합하지만 개인적인 자질을 감안한 리더를 육성하는 데는 한계가 있다. 현대사회가 요구하는 복잡함과 불확실, 도전과 실패, 경쟁과 승패를 배우기에는 부족한 것이다.

이러한 한계에서 스스로 벗어나기 위해서는 다른 사람들과 차별화 할 수 있는 자기만의 무기를 만들어야 한다. 원래 전공에 다른 전공을 더하여 변형하거나 응용하거나 융합할 수 있다. 과거에는 '한 우물을 파라'는 법칙이 통하기도 했다. 그렇지만 지금은 분야를 뛰어넘는, '한 우물 파지 말고 월장을 해야 하는' 시대다.

학교 전공의 한계를 극복하는 또 다른 방법 중 하나는 이것저것 시도해보고 저지르는 것이다. 생태행동학자이면서 개미박사이기도 한 최재천 교수는 이것저것 시도해보는 인생을 강조하면서 21세기 천재 화가 피카소와 아인슈타인을 예로 든다. 두 사람 모두 천재라고 불리며 세간의 존경을 받았지만 그 과정은 무척이나 다르다. 이 두 사람을 야구선수에 비교하면 아인슈타인은 타율은 그리 신경 쓰지 않고 장타만 노리는 선수다. 그의 상대성 이론은 아무나 칠 수 있는 흔한 홈런이 아니다. 반면 피카소는 좋은 공 나쁜 공 가리지 않고 열심히 방망이를 휘두르며 높은 출루

율을 자랑하는 타자다. 워낙 자주 휘두르다 보니 심심찮게 홈런도 때렸다. 쉽게 말해 피카소는 영역의 경계 없이 평생 엄청난 수의 작품을 남겼다. 그의 작품 중에는 평범한 것들도 많다. 그러나 워낙 많이 그리다 보니 남들보다 훨씬 많은 수작을 남기게 된 것이다. 이렇듯 한 우물만 파지 말고 이곳저곳 기웃거리면서 다양한 분야에 몸을 담그다 보면 성공은 자연스럽게 따라온다.

『예술가여, 무엇이 두려운가!』라는 책에 나오는 어느 도예 선생님의 이야기가 있다. 학급을 둘로 나눠 한 조는 각자 자신의 최고 '걸작' 하나씩만 내게 하고 다른 조에게는 제출한 작품 전체의 '무게'로 점수를 매기겠다고 했는데, 결과는 뜻밖에도 '걸작' 조가 아니라 '무게' 조에서 훨씬 훌륭한 작품들이 나왔다는 것이다. 우리 주변에는 단타에는 별 관심이 없고 그저 홈런만 노리는 사람들이 많다. 머리만 좋다고 모두 대단한 업적을 내는 건 아니다. 섬광처럼 빛나는 천재성보다 성실함과 약간의 무모함이 때로 더 큰 빛을 낸다.

대학 졸업장이 인생의 어떤 것도 보장하지 않는다는 걸 명심해라. 자리에서 박차고 일어서고, 전공을 넘어 월장을 해라. 스펙을 넘어 다양한 시도를 하고, 그 시도를 통해 더 넓고 큰 세계를 볼 수 있도록 해야 한다.

부모로부터
독립하라

대한민국 청소년들의 진로 결정에 가장 큰 영향을 미치는 사람은 부모다. 문제는 부모의 영향력이 크다는 것이 아니라 진로 선택에서 당사자의 영향력이 절대적으로 작다는 것이다. 우리가 알고 있듯이 한국의 부모들은 자식들의 교육에 열정적이다. 스스로 희생을 감수하고라도 자식들의 성공을 위해 뛴다. 자식들이 해야 할 일까지 대신 맡아서 한다. 자식이 가야 할 대학의 전공까지도 부모가 정한다. 이렇다보니 자식들의 진로도 부모들이 정하거나 정하는 데 결정적 영향을 미친다.

자신의 진로를 주도적으로 결정하지 못한다는 건 인생에 있어서 치명적인 결함이다. 자신이 아니라 부모의 선택에 의해 대학을 정하고 전공을 정하고 직업을 정한다. 학교에서 학생들과 상담을 하다 보면 부모에 의해 자신의 진로가 정해져왔다고 불만을 토로하는 경우가 종종 있다. 부모들은 반강제로 자식들에게 자신들의 선택을 강요한다. 본인들이 아직 덜 자란 자식들보다 세계를 더 잘 이해하고 있다고 믿기 때문이다. 하지만 그것은 젊은 세대들을 잘 모르고 하는 소리다. 지금의 젊은 세대는 새롭게 대두되는 신기술의 흐름, 인터넷과 모바일 환경, 로봇과 인공지능이 주도하는 변화의 흐름을 따라 성장한 세대다. 부모들보다 지식의 깊이는 얕을지언정 더 넓고 많은 지식을 갖고 있는 건 분명하다.

세상에는 약 2만 개의 직업이 존재한다고 한다. 이 중에서 우리가 알고 있는 직업은 몇 개나 될까? 기껏해야 50개 미만일 것이다. 즉 이 세상 직업의 대부분을 모르고 있는 거나 마찬가지다. 게다가 현대의 직업 세계는 엄청나게 빠른 속도로 변화한다. 하루에도 수십 개의 직업이 생겨나고 한 달에 수백 개의 직업이 없어지기도 한다. 과거의 경험만으로 판단하기에 직업 세계는 너무도 유동적이고 불안정하다. 이러한 트렌드에 가장 민감한 건 결국 젊은 세대들이다. 자기 기준으로 자신의 가치관을 자녀에게 강요한다면 시대에 뒤처지도록 종용하는 것에 다름없을 것이다.

중요한 건 젊은 세대가 이러한 사실을 제대로 직시해야 한다는 것이다. 자신의 미래 직업에 대한 구상을 본인이 주도해야 한다. 불안하고 막연하더라도 자신만의 방식으로 극복하고 개척해나

가야 한다. 서툴거나 두려워도 홀로서야 한다. 독립해야 한다.

부모세대 역시 사고를 바꿔야 한다. 지금의 청년들이 살아갈 미래는 고리타분한 사고로 예상 가능한 세상이 아니다. 청년들의 진로는 그들이 선택하도록 과감하게 맡겨야 한다. 아무도 살아보지 않은 새로운 세상은 지금의 청춘들 스스로, 그들만의 방식으로 개척하고 책임지도록 해야 한다.

너만의
독창성을
구축하라

한국을 처음 방문하는 외국 대학생들에게 한국 사람들에 대한 첫인상이 어떠냐는 설문조사를 했다. 사람마다 달랐지만 한 두 가지 공통적으로 나오는 대답이 있었다. 남성들은 표정이 한결같이 심각한 것 같다는 것과 여성들은 외모가 지나치게 화려하고, 또 모두가 비슷하게 생긴 것 같다는 대답이었다. 왜 한국 여성들의 외모가 비슷하다고 생각했을까? 그 이유를 물어 보니, 입고 있는 옷과 화장, 헤어스타일이 많이 비슷하기 때문이라고 대답했다.

우리나라는 집단주의 의식이 강한 편에 속한다. 스스로 결정하기 전에 남들이 어떻게 결정하는지를 알고 싶어 하고, 남들이 가는 방향으로 따라가는 것이 가장 안전한 선택이라고 여기기도 한다. 이러한 성향은 직업이나 직장을 선택할 때도 그대로 나타난다. 많은 사람이 일하는 대기업, 공무원을 좋은 직장이라고 생각하고 큰 무리 안에서 안정감을 찾는다. 남들이 하는 대로만 따라가면 중간은 간다고 생각하고, 홀로 자기 일을 하거나 남들이 하지 않는 일은 위험하고 외롭고 불안하다고 여긴다. 그래서 누구나 알아주는 곳이 가장 편하다고 생각한다.

한국인은 왜 이렇게 획일적인 집단주의를 선호하게 되었을까? 영국 케임브리지 대학교의 장하준 교수는 그 원인을 사회에 전반적으로 퍼져 있는 불안과 불신 때문이라고 지적한다.

"불안 때문이다. 우리 부모세대만 봐도 굉장한 혼란과 공포 속에서 살았다. 그런 불안이 아주 뼈에 박힌 분들이다. 조금만 잘못하면 우리 자식이 큰일 나지 않을까, 염려하며 길렀다. 그게 대를 물려서 내려가는 것 같다. 솔직히 요즘 재능 있는 애들이 자신이 원하는 것을 한다고 해서 밥을 못 먹겠나, 굶어 죽겠나. 그렇지 않다. 그런데도 불안의 심리는 서로 물고, 또 물리고 있다. 상상력이 부족하니까 불안이 가중된다."

스마트폰이 집단화의 주범이라는 이야기도 한다.

"사람들이 혼자 있는 시간이 없다. 늘 스마트폰을 켜놓고 어딘가에 연결되거나 메시지를 주고받고 있다. 그렇기 때문에 트렌드가 엄청난 속도로 퍼진다. 늘 남들의 시선에 노출돼 있다. 버스를 타고 이동하거나 커피숍에서 누구를 기다리며 혼자 있는 시간, 다시 말해 혼자 생각할 시간이 없다. 그때도 스마트폰을 두드린다. 그런데 어떻게 개성이 살겠는가. 개성이 살아나고, 개성이 만들어질 시간 자체가 없다.”

외국 언론에서는 한국인의 이러한 행태를 아프리카 얼룩말에 비유하기도 했다. 사막에서 대규모 집단으로 몰려다니면서 풀을 뜯다가 어느 한 마리가 뛰면 모든 얼룩말들은 놀라서 같이 뛰기 시작한다. 왜 뛰는지, 어디로 가는지도 모르면서 그냥 앞말만 따라서 달린다. 그러니 낭떠러지를 만나도 멈출 수가 없다. 뒤에서 계속 말들이 달려오니까 선두의 얼룩말은 멈출 수가 없다. 결국 모두가 낭떠러지에 떨어져 죽는다. 한국 사람들이 이와 같은 형국이라는 것이다. 과장된 표현이지만, 정말이지 낯부끄러운 비유다.

우리의 민족성 자체를 부정할 수는 없다. 예전에는 그랬을 수 있다. 개인보다는 공동을 우선하는 것이 늘 좋은 결과만 가져올 수는 없는 것이다. 하지만 이제는 그런 구시대적 발상에서 벗어나야 한다. 현대사회는 집단성, 일관성, 유사성보다는 개성, 특성, 차별성, 창의성이 강조된다. 남들이 가지 않는 곳으로 가야만 성공할 기회가 많아진다. 『나는 남들과 무엇이 다른가』라는 책을 쓴 정철윤 씨는 미래 사회에 경쟁력을 가지고 살아남기 위해서는 남들과 다른 것을 찾고 개발해야 한다고 주장한다. 그러면서 다음의 9가지 방법을 제시했다.

1. 자신의 강점에서 찾아라. 남들과 비교하여 보다 나은 점을 자신의 차이점으로 활용하라는 것이다. 내가 남들보다 잘하는 것, 남들보다 좋아하는 것, 최근 좋은 결과물을 얻었던 일, 주위에서 인정하거나 칭찬하는 것, 오래 해도 지루하지 않은 것 등에 착안해 보자. 내가 남들보다 강한 것, 더 잘 하는 것, 더 즐거운 것, 더 오래 하는 것 등은 분명 남들보다 비교우위에 있다고 할 수 있다. 이런 점을 강점화하고 살리고 전문화하면 남들과 차이를 만들기 쉽고 더 많은 가치를 창출할 수 있을 것이다.

2. 자신의 약점을 역이용하라. 강점 활용과 정반대되는 점인데 이것도 잘 활용하면 자신의 차별성으로 활용하여 오히려 강점으로 부각시킬 수 있다는 것이다. 래퍼가수 아웃사이더는 원래 말을 더듬는 사람이었는데 가수가 되고 싶었다. 말을 더듬으면서는 가수로 성공하기 어렵다고 생각했지만 가수를 포기하는 대신 말을 빨리하는 연습을 집중적으로 하여 지금은 오히려 속사포 래퍼가수로 더 유명해졌다. 자신의 단점을 고치려고 노력하다가 그것이 오

히려 강점이 된 사례이다. 키가 작은 사람이 그것을 약점으로 인식하기보다는 작다는 자신의 다른 점을 부각시켜서 오히려 작은 점이 차별점과 특징이 된다. 약점을 찾아서 활용하자.

3. 취미를 즐겨라. 각자가 좋아하는 것 한두 가지는 다 있게 마련이다. 그것을 즐기다 보면 나만의 일거리가 나오거나 일거리로 발전할 수 있다. 필자는 아들이 둘이 있는데 둘째 아들은 유난히도 어릴 때부터 곤충과 벌레잡기를 좋아했다. 학교만 나오면 인근 야산이나 숲으로 가서 곤충이나 벌레를 잡아다가 집안 여기저기에 두고 기르기를 좋아했다. 누가 시킨 것이 아니라 스스로 하는 일이었다. 그 취미를 살려 지금은 대학에서 동물학을 전공하고 있다. 둘째의 직업은 오래전에 정해져 있다. 대학전공 선택이나 미래 직업 선택시 다른 고민을 해 본 적이 없다. 아주 행복해 보인다. 자신의 취미를 즐겨라. 그것을 미래 업으로 해 보겠다는 생각조차도 하지 말고 그냥 즐겨보자. 빠져보자. 나도 모르는 사이 최고의 전문가가 되어 있지 않을까?

4. 잉여를 살려라. 내가 가지고 있는 강점, 약점 등 중요한 것들을 제외한 나머지 것들, 누구나 일상에서 겪는 일들, 누구나 아는 익숙한 것들을 새로운 시각으로 조명하여 새로운 점을 부각시키는 것이다. 마사 스튜어트는 미국의 평범한 주부였다. 이사한 오래된 집을 돈을 절약하려고 직접 수리를 하였다. 이웃 사람들을 초대해

서 집수리 이야기부터 살림 사는 이야기를 했는데 모두 재미있어 하기에 그 이야기들을 책으로 발간하였다. 이후 주부들의 평범한 집안 살림 이야기를 잡지로 발간하여 사업화함으로써 기업인으로 성장한다. 주부 사업가로 큰 성공을 거둔다. 이처럼 누구나 가지고 있는 평범하고 익숙한 것을 새롭게 정리하고 포장하고, 전혀 새롭거나 특이한 것이 아닌 것을 활용하고, 또는 역발상으로 접근하는 것이 중요하다. 콜라는 추운 겨울에는 잘 먹지 않는다. 그러나 코카콜라는 크리스마스와 산타클로스의 빨간색 이미지를 가지고 와서 자사의 브랜드 색깔 빨간색과 연결시킴으로써 사람들에게 겨울에도 콜라를 즐길 수 있다는 것을 광고하였다. 전혀 생각지 못한 잉여의 발상을 활용한 것이다. 익숙한 것, 평범한 것, 누구나 가지고 있는 것에도 큰 기회가 있다.

5. 가치관을 구체화한다. 사람들은 각자 서로 다른 삶의 기준이 있다. 그것이 가치관이다. 사람에 따라 크게는 자유, 평등, 자선과 같은 것에서 작게는 먹는 것, 자는 것, 여행하는 것 등에 대한 서로 다른 가치관을 두고 살고 있다. 각자가 가지고 있는 가치관이 곧 그 사람의 차별성이 되고 그것을 구체화하거나 포장하면 그것이 곧 각자가 하는 일로 연결될 수 있다. 가치관을 정리하고 구체화해보자.

6. 자신이 겪은 역경을 이용하라. 아인슈타인 이후 가장 천재적인

물리학자로 일컬어지는 스티븐 호킹 박사는 스물한 살에 루게릭 병에 걸려 1~2년밖에 살 수 없다는 진단을 받았다. 하지만 그는 자신에게 남은 시간을 받아들이고 살아 있는 마지막 순간까지 하나라도 더 성과를 내겠다는 생각으로 최선을 다해 연구에 매진하였다. 역경이 오히려 힘이 되고 경쟁력이 되었다. 역경 때문에 더 강해졌다. 그래서 기독교 성경에서는 "환란도 은총이다"라고 하지 않았던가? 누구나 한두 번의 역경은 겪는다. 실망하거나 좌절하지 않고 그것을 활용하면 곧 기회가 된다. 남들보다 좋지 않은 여건을 오히려 기회로 역전시킬 수 있다. 남들이 겪지 않은 역경을 겪었는가? 불행이 아니라 다행이다.

7. 새로운 것을 시도해 보라. 평소에 하지 않던 것을 시도해 보자. 시도해 보는 것은 자신의 새로운 영역을 넓히는 의미도 있지만 스스로에게 자신이 새로운 것을 시도하고 있다는 자신감과 긍정의 에너지를 줄 수 있다. 남들이 시도하지 않은 것을 해서 새로운 거리를 찾을 수도 있지만 그 시도를 통해 다른 더 큰 시도를 이어갈 수 있기 때문이다. 작은 시도부터 해보자. 작은 습관 하나 고치는 것부터 시작해보자. 완전히 새로운 나를 발견할 것이다.

8. 박스를 넓혀라. 여기에서 박스는 생각하는 범위이다. 박스의 크기가 클수록 유리하다. 경험이 많을수록, 아는 것이 많을수록, 생각하는 것이 넓을수록 일거리를 찾기가 유리하다. 저자는 자신의

박스를 넓히기 위해서 독서와 여행, 다양한 사람들과의 만남을 강조한다. 독서는 시공간의 한계를 없애고 세계 최고의 전문가와 만나 다양한 간접 경험을 할 수 있는 최고의 수단이다. 여행은 자신의 생각을 바꾸고 다양한 체험을 하면서 세상을 경험하는 최고의 기회이다. 다양한 사람을 만나는 것 역시 좋은 방법이다. 알고 경험한 만큼 보이고 행동할 수 있다.

9. 타인을 모방한다. 다른 사람의 좋은 점이나 나와 다른 점을 모방하여 새로운 나만의 것으로 만들 수도 있다. 다만, 그대로 모방만 하면 안 된다. 상대는 노래를 아주 잘한다. 그것을 정말로 배우고 싶다. 그래서 그의 노래 실력을 배웠다. 그러나 그 노래만으로는 상대보다 더 잘할 수가 없다. 상대보다 더 뛰어나려면 상대의 노래 실력에 나만의 다른 무엇인가를 보태야 한다. 상대만큼의 노래 실력에 나만의 춤을 보태야만 나만의 것이 된다. 나만의 무기를 개발하기 위하여 그 발상의 시작을 상대의 장점을 모방하는 것에서 할 수도 있다.

지금은 명실상부 1인 기업의 시대다. 누구나 자신이 다른 사람보다 비교우위에 있는 장점들을 찾을 수 있고 그것을 바탕으로 1인 기업을 만들 수 있다. 서로가 서로를 도와주는 관계망을 사업으로 연결하면 작은 개미들이 거대한 그물망으로 연계할 수도 있다. 각자가 가진 장기나 전문성을 다른 사람과 쉽게 나눌 수 있는 공유경제를 표방하는 사회적 기업 중에 '위즈돔'이라는 곳이 있다. 각자가 자신이 가진 전문성을 통해 원하는 사람들을 모을 수 있고 나눌 수 있고 거래를 할 수 있는 곳이다. 가령 사과농사에 대한 일가견이 있는 사람이 사이트를 통해 사과농사에 관심 있는 사람들을 모아서 지식과 경험을 전수할 수 있다. 반대로 어떤 특수 분야에 대한 경험이나 지식을 필요로 하는 사람은 사이트를 통해 정보를 찾을 수 있다. 누구나 가진 경험과 지식을 나눌 수 있는 공간이다.

개인이 가진 자산을 공유하여 서로가 도움을 받는 거대한 사회공유 시스템은 이제 확실하게 자리를 잡아가고 있다. 이것을 확대해 각자가 가진 자산과 경험, 지식을 사업화라는 개념으로 전환하게 되면 모든 사람이 자신의 업을 시작할 수 있게 된다.

매트 리들리는 인류의 긴 역사를 되돌아봤을 때 인류는 점진적으로 진화하고 발전해 왔으며 그 주된 원인이 '분업과 교환'에 있다고 말했다. 원시시대의 인간은 혼자서 모든 것을 다했다. 각자가 사냥을 하고 요리를 하고 땔감을 구해서 먹고살았다. 그러다가 분업이 생겼다. 사냥하는 사람은 사냥만, 땔감을 구하는 사람은 땔감만, 요리하는 사람은 요리만, 집 짓는 사람은 집짓기만, 옷 만드는 사람은 옷만 만들었다. 그리고 각자가 만든 것을 서로 교환했다. 각자는 이전보다 훨씬 적은 노력으로 더 많은 것을 가질 수 있게 되었다. 이 분업과 교환체제가 오늘날의 산업혁명과 대량생산, 우주시대와 인터넷 모바일 시대를 가져왔다는 것이다.

이 원리를 확대하면 지금 우리 각자가 가진 것을 전문화하고 교환하게 되면 아주 저렴한 비용으로 서로가 필요로 하는 것을 구할 수 있고 제공할 수 있는 거대한 분업과 교환체제가 될 수 있다. 각자가 잘할 수 있는 것을 더욱 깊이 전문화하고 교환을 통한 거대한 공유 경제 네트워크를 만들 수 있다면 우리 모두는 이미 작은 기업가다.

나 홀로에
익숙해져라

사람들은 대개 혼자 있거나 외따로 떨어지는 것을 싫어한다. 친구가 없거나 혼자 있는 사람은 이상한 사람이거나 뭔가 부족한 사람으로 비쳐지기 때문이다. 친구가 많은 것은 큰 장점으로 여겨지고 친구가 별로 없다면 사회성이 없거나 인간관계에 문제가 있는 것으로 취급된다. 그래서 사람들은 억지로라도 친구를 만들고 서로 만나며 각종 모임에 열심히 나간다. 사람들마다 다르겠지만, 동창 모임에서 고향친구 모임, 직장 모임, 종교 모임 등 몇 개에서 많게는 수십 개에 이르기까지 다양한 모임에 몸담고 있을 것이다.

사람들의 이러한 연결지향성은 특유의 집단문화에서 유래한다. 사람을 판단할 때 한 개인의 특성보다는 집안, 학교, 지역, 군대, 직장 등 그 사람의 출신과 소속이 기준이 될 때가 있다. 그 사람 자체보다는 주위의 관계들을 통해 판단하기 때문이다. 스스로를 소개할 때도 자신이 어디에 소속되었는지를 강조하기도 한다. 만약 소속이 없거나 약하면 그것이 바로 자신의 약점이 되는 것처럼. 그래서 한사코 어디에 소속되어야 하고 무리들과 함께 있어야 한다고 느끼게 된다. 그렇지 않으면 불안하고 외로우니까. 누군가와 같이 있는 것이 훨씬 편하다.

그러나 최근에는 이러한 경향에 변화가 생겼다. '홀로' 있는 사람들이 급격히 늘고 있는 것이다. '홀로족'뿐만 아니라 결혼을 늦게 하거나 포기하는 '싱글족'도 급격히 늘고 있으며 고령화에 따른 독신 노인도 급격히 늘고 있다. 문화체육관광부 자료에 의하면 여가를 '혼자서' 보낸 사람은 2007년 12.8%에서 2014년에는 56.8%로 늘어났다고 한다. 그러면서 '홀로 있음', '고독함', '혼자 있는 시간' 등에 대한 새로운 각성이 일어나고 있다고 한다.

최근 서점가에는 '혼자 있는 시간'에 대한 책이 인기를 끌고 있다. 서울대학교 종교학과 배철현 교수는 "혼자만의 시간에 게임을 하거나 멍하니 있다면 의미가 없다. 혼자만의 시간을 어떻게 보내느냐에 따라 그 사람의 인생이 달라진다. 새로운 시각에서 나를 볼 수 있어야 한다. 그렇게 하기 위해서는 혼자 묵상과 몰입을 해야 한다. 묵상을 하다 보면 자기 자신에게 몰입하게 돼 있다"라고 말했다. 그는 외로움(Loneliness)은 누구를 만나고 싶은 마음이 드는 것이고, 고독(Solitude)은 자기 자신을 위해 투자하는 것이라고 말했다.

> "쓸쓸함을 견디지 못해 '대포 한 잔' 하고픈 건 외로움이다. 소로가 외딴 호숫가에 오두막집을 짓고 혼자서 3년간 살아보는 건 고독이다. 인생을 정교하게 살면서 인생의 본질을 맞닥뜨리고 싶은 거다. 그런 삶은 간결하면서도 강력하고 압도적이다. 뒤돌아보지 않고 '나만의 길'을 가는 거니까. 내가 원하는 것을 찾는 게 중요하다. 내가 원하는 나만의 선율을 연주해야 감동을 준다. 다른 사람의 음악을 흉내 내면 감동이 없다. 남을 부러워하는 것은 무식이고, 흉내는 자살 행위다."

사이토 다카시는 『혼자 있는 시간의 힘』에서 "인생의 기회는 혼자 있는 순간에 온다", "인생에서 승리하기 위해서는 적극적으로 혼자가 되라", "모두와 잘 지내기 위해서 노력하지 마라", "끝까지 나를 믿어줄 사람은 나뿐이다", "남에게 인정받으려 하지 말고 나를 절대적으로 평가하라"라고 말하고 있다. 문화심리학자 김정운 교수 역시 대한민국을 무리지어 다니는 '집단사회'이자 '고독 저항 사회'라고 규정하면서 집단 속에서는 아무것도 될 수 없다고 강조한다. 외로움은 '인간 존재의 본질'이고 외로움을 이겨야만 진정한 자신을 만날 수 있다고 그는 말한다.

'홀로 있음'에 익숙해지고 홀로 있는 시간을 적극적으로 만들어라. 진정한 경쟁력이나 자신에 대한 성찰과 발견은 혼자 있을 때 비로소 가능하다는 것을 인식해라. 배철현 교수의 말을 다시 인용해보겠다.

"자기만의 노래를 만들기 위해서는 어떻게 해야 할까. 생각의 근육을 키워야 한다. 그러기 위해서 꼭 필요한 것이 혼자 생각하는 시간이다. 우리가 다음 단계로 도약하기 위해서는 고독할 줄 알아야 한다. 혼자 있는 시간 동안 묵상을 해야 한다. 묵상은 기도와는 다르다. 기도(祈禱)의 한자를 보자. '祈(기)'는 '볼 시(示)' 자와 '도끼 근(斤)' 자로 이루어져 있다. 도끼를 들고 신한테 위협하는 거다. '수능 잘 보게 해주세요' 같은. 신은 절대로 그런 기도를 들어주지 않는다. 그런 신은 존재하지도 않고. 진짜 기도란 자기 자신을 깊이 들여다보는 거다. 일상에서 말과 행동의 99%는 과거의 습관을 따른다. 혼자만의 시간을 갖는다는 것은 과거의 습관을 벗어나 각자가 할 일을 확인하는 거다. 어제와는 다른 새로운 내가 되기 위해 제3자의 눈으로 나를 쳐다보는 거다. 외롭게 혼자 있는다고 다 혼자만의 시간을 보낸다고 할 수는 없다."

나는 어떤 인생을 살고 싶은가? 나는 무엇을 잘할 수 있을까? 나는 진정 무엇을 좋아하는가? 즐겁고 행복하게 평생 할 수 있는 일이 뭘까? 그렇게 하기 위해서는 지금부터 무엇을 준비해야 할까? 이런 질문에 대한 처절한 자기 성찰과 몰입을 통해 자신의 길을 모색해야 할 것이다. 그러한 결정을 함에 있어 남들이 가는 곳이 아닌 나만의 길을 탐색해야 한다. 남들이 가지 않는 길이라고 외로워하거나 불안해하지 말아야 한다. 다가오는 미래는 누구도 가보지 않은 길이다. 부모도, 선생들도 가보지 않은 길이다. 결국 자신이 선택하고 자신이 만들어가야 하는 길이다.

창업은 누구와 같이 가는 길이 아닌 혼자 가는 길이다. 혼자라는 것을 외롭게 생각하면 안 된다. 혼자서 성찰하고 몰입할 줄 알아야 한다. 혼자 있는 것에 익숙하고 즐길 줄 알아야 한다. 혼자서 책을 읽고 공부할 줄 알아야 한다. 앞으로의 세상은 찰스 핸디가 말한 것처럼 코끼리가 아닌 벼룩이 주축이 될 것이다. 홀로 있는 힘이 강한 사람이 미래 사회의 주인공이 될 것이다.

누구도
따라올 수 없게 하라

2012년 런던 올림픽 남자체조 도마 종목에서 양학선 선수가 금메달을 목에 걸었다. 체조는 러시아나 중국이 전통적으로 강하다. 한 번도 메달권에 진입해 본 적이 없는 대한민국이 금메달을 수상했으니 세계가 놀랄 일이었다. 게다가 양학선 선수가 결승전에서 구사한 기술은 아무나 구사할 수 없는 최고 난이도의 독특한 기술이었다. 자신의 이름을 따 '양학선 기술'이라고 명명될 만큼 어려운 기술이었다.

양학선은 1992년 전남 고창군 출생이다. 넉넉하지 못한 가정형편으로 어려운 어린 시절을 보냈고, 초등학생 시절 체조 특기생이었던 형 양학진을 따라 체육관에서 기계체조를 접했다. 다양한 기계체조 기구들이 있는 체육관은 그에게 놀이동산이나 다름없었다. 그리고 당시 양학선의 재능을 눈여겨본 감독에 의해 체조를 시작하게 된다. 광주체육중학교로 진학한 양학선은 이때 평생의 은사인 오상봉 체조 감독을 만나게 된다. 중학교 시절 돈을 벌겠다며 가출한 양학선을 오감독이 직접 찾아가 설득해 다시 복귀시킨 일화는 유명하다. 양학선은 마음을 다잡고 중학교 3학년 때 소년체전에 나가 도마 종목에서 우승한다. 이때 여러 가지 종목을 하지 않고 도마에 집중한 것이 올림픽 금메달리스트 양학선이 탄생한 이유라고 한다. 우승 후 양학선은 대한체조협회의 전폭적인 지원을 받으며 본격적으로 훈련에 돌입했다. 이후 광주체육고 시절 2010년 네덜란드에서 열린 세계선수권 대회에서 4위로 입상했고 2010년 광저우 아시안 게임 도마 종목에서 금메달을 따면서 세계무대에 혜성같이 등장했다.

양학선은 처음부터 최고 난이도의 기술 개발에 남다른 의욕을 보였다고 한다. 이왕 어렵게 시작한 체조에서 보통의 전략으로 접근해서는 수십 년을 앞서가는 선진국 선수들을 도저히 따라갈 수 없다는 걸 그는 알고 있었다. 양학선은 남들이 하지 않는 불가능에 가까운 기술을 개발하자는 원대한 계획을 세우고 연습을 시작했다. 처음에는 불가능한 일에 도전한다며 만류하는 이도 있었다. 결국 뼈를 깎는 연습과 부상을 극복하는 투혼으로 자신의 이름을 딴 최고의 기술로 금메달을 목에 걸었다. 감격적인 인간 승리였다.

앞으로 세상에서 우리 청년들이 자신의 업으로 당당하게 살아가려면 무엇보다도 그 분야에서 최고의 전문성을 갖추어야 한다. 미래는 전문가의 시대이다. 자신의 분야에서만큼은 누구도 넘볼 수 없는 최고의 전문가가 되어야 한다.

전문가가 되기 위해서는 무엇보다 공부하고 학습해야 한다. 해당 분야 관련 책을 두루 섭렵하는 건 기본이다. 그 분야의 대학 논문이나 잡지를 꾸준히 찾아 읽고 관련 모임이나 컨퍼런스에도 적극적으로 참석해야 한다. 관련 분야에서 활약하고 있는 전문가에 대해 조사하고 그들과의 네트워크를 형성하도록 해야 한다. 다른 사람들과의 소통에도 소홀해서는 안 된다. 블로그를 운영하거나 SNS를 통해 끊임없이 의견을 주고받을 수 있어야 한다. 본인의 능력 개발에 도움이 될 뿐만 아니라 자신의 인지도를 키우는 창구로도 이용이 가능하다. 그리고 나아가 그 분야에 관한 책을 집필하는 것을 목표로 삼도록 해라. 책 쓰기를 기획하는 것과 그렇지 않은 것과의 차이는 크다. 책 쓰기를 의도하고 노력하면 보다 많은 것을 볼 수 있고, 자연스럽게 많은 것을 얻을 수 있을 것이다. 20대에 책 한 권을 집필한다는 목표를 가져라. 전문가는 그렇게 만들어진다.

현장을
장악하라

　자신의 업을 갖는다는 것이 쉬운 일이 아니라는 건 누구나 알고 있다. 청년들의 입장에서는 취업도 어려운 마당에 무슨 업을 가지라는 거냐며 자신 없어 할 수도 있다. 하지만 그 자신 없음에 대한 근본적인 원인이 뭘까? 진지하게 고민해본 적 있는가? 가장 큰 원인은 사회적 경험의 부족 때문이다. 대학을 막 졸업했거나 사회생활 초기에는 스스로 업을 꾸릴 만한 경험이 없다. 지식이나 인맥, 준비도 부족하다. 자신감도 약하다. 종합적인 판단이나 사고력도 충분하지 않다.

　이를 극복하기 위한 가장 좋은 방법은 대학을 졸업하면서 바로 독립된 일을 시작하는 것보다는 하고자 하는 분야의 직장에 취업해 우선 경험과 자신감을 쌓는 것이다. 관심 있는 분야의 현장 상황도 파악하고 인맥도 쌓고, 필요한 자금도 모을 수 있을 것이다.

이 과정에서 중요한 건 자신감과 훗날 무엇이 중요하고 중요하지 않은지를 구분할 수 있는 능력을 갖추는 것이다.

청년들에게 가장 부족한 것이 현장 경험이다. 다카하라 게이치로는 그의 책 『현장이 답이다』에서 제목이 말해주듯 "모든 것은 현장에 답이 있다"고 강조한다. 자신이 없거나 복잡한 이슈는 의외로 현장에서 답을 찾을 수가 있다는 것이다. 청년들이 미래에 대해, 자신에 대해, 비즈니스에 대해 자신이 없거나 경험이 없는 경우에는 현장으로 가야 한다. 즉 관심 분야의 현장에 가서 직접 참여하고 일을 해 보는 방법이 가장 좋다. 현장을 보면 자신감을 가질 수 있고 디테일도 장악할 수 있다. 현장으로 가야 한다.

미래에 자신의 일로 창업을 하고자 하는 사람들은 무엇보다도 영업과 마케팅 능력을 갖추어야 한다. 사업이라는 건 무엇인가를 팔아야 하는 것이다. 아이템을 구상하고 생산하는 것도 중요하지만 무엇보다도 팔지 못하면 아무 소용이 없다. 팔지 못하면 기업은 존재할 수 없다. 따라서 성공하는 기업가로 살기 위해서는 영업과 마케팅이 필수다. 하고자 하는 업종의 기업에 취업하여 기획이나 생산 부서보다는 영업 부서에 배치되어 현장을 파악할 수 있다면 좋을 것이다. 사무실로 출근하는 것이 아니라 바로 거래처로 출근하는 일을 하면서 어떻게 마케팅을 하는지, 어떻게 사람을 설득하는지, 어떻게 신시장과 새로운 고객을 발굴하는지를 배워야 한다.

예전에는 영업이나 마케팅 부서를 소위 '험한 일'을 한다며 기피하고, 사무실 내근 부서를 선호하는 경향이 강했다. 그러나 창업 시대, 기업가 시대에는 영업, 마케팅, 판매 능력을 가장 우선시하고 있다. 따라서 기업가의 인생을 살고자 한다면 영업 부서에 몸담는 것이 좋다. 영업의 노하우와 전략을 몸으로 익혀야 한다. 그것이 바닥을 단단하게 다지는 지름길이다. 바닥이 단단하지 않으면 아무리 높이 올라가도 늘 위태로울 뿐이다.

창업을 기획하는 사람들은 현장 경험을 위해 취업을 하더라도 일반적인 구직자들이 일자리 찾듯이 해서는 안 된다. 보통 일자리를 찾는 사람들은 자신의 적성이나 원하는 업종보다는 지원서를 내서 합격 통지가 오는 곳이면 우선 달려드는 경우가 많다. 그리고 나중에 후회한다. 그러나 추후 내 업으로 독립하기 위한 취업은 일시적이고 훗날의 창업을 위한 준비과정이어야 한다. 때문에 아주 전략적이어야 한다.

그런 의미에서 볼 때 경험을 위한 직장은 장기적이기보다 임시적이고 단기적인 곳이 더 적합할 수 있다. 말 그대로 핵심만 배우고 경험한 뒤 바로 나올 수 있으니 말이다.

기업가정신의 다른 말은 자유와 창조다. 한 장소에 오래 있는 물은 썩기 마련이다. 한 곳에 오래 머무르며 조금씩 올라가는 봉급과 안정되어가는 생활에 젖어 있다 보면 처음에 계획했던 본인의 기업가 마인드가 약해질 수밖에 없다.

자신이 하고 싶거나 배우고 싶은 것을 마음대로 선택하고 이동할 수 있는 곳, 일에 대한 주도권을 가질 수 있는 곳을 찾아야 한다. 장래 기업가로서의 야성과 경쟁력을 빼앗기지 않는 곳, 다이내믹하고, 언제든 나만의 기회를 사냥할 수 있는 곳 말이다. 그런 곳에서는 다양한 경험을 축적하고 자신만의 독특한 이력을 쌓을 수 있다.

무작위로 옮겨 다녀서는 안 된다. 사전에 로드맵을 짜서 전략적으로 이동해야 한다. 3년 또는 5년 후에는 원하는 분야에서 내 업을 갖는다는 비전으로 일자리를 옮기고 원하는 일을 해라. 가령 3~5년 후에 해외여행 분야에서 최고의 전문가가 되고 싶다는 비전을 가지고 있다면 1년은 여행사의 계약직이나 인턴으로 근무해 봐라. 한 곳이 아니라 성격이 다른 몇 군데를 옮겨 다녀봐라. 한 여행사에서도 한 가지 일만 하지 말고 여러 파트의 일을 돌아가면서 경험하는 것이 좋다. 여행 기획도, 고객 유치도, 관리와 총무 업무도 자청해서 해라. 해외 현지에 가서 현지 가이드도 하는 것이 좋다. 가능하다면 여러 나라를 경험할수록 좋을 것이다.

해외 현지에서도 일해 봐라. 각국의 다른 시장 분위기를 이해할 수 있을 것이다. 항공회사에서 임시직으로 일을 해볼 수도 있다. 관광 관련 정부 기관에 지원해 임시직으로 일해 봐라. 관광과 관련한 정부의 시각과 정책 방향, 정부의 고민과 관심사, 다른 여행사들의 상황과 여행 산업 전체의 그림을 볼 수 있을 것이다.

남들이 보기에는 임시직, 계약직으로 이곳저곳 돌아다니는 떠돌이 근로자로 보일 수도 있겠지만 미래 자신만의 일을 갖기 위한 치밀하고 전략적인 준비라고 생각하고 차근차근 준비해가라. 일하면서 미래를 도모해라. 누군가가 한 직장에 적응하고, 조직에 휘둘리느라 정신없이 지내는 사이 자신은 미래 최고의 전문가로서의 일을 만들기 위한 조용한 혁명을 일으키고 있다는 걸 명심해라.

작게
시작하라

대한민국 사람들은 유난히 큰 것을 좋아한다. 큰 것이 안전하고 유리하다고 여긴다. 커야만 성취 역시 커 보이고 과시할 수 있다. 아파트도, 차도 커야 좋다. 기업도 마찬가지고, 길도, 다리도 앞에 대(大)자가 붙는 걸 좋아한다. 소기업은 약하고 대기업은 강하다고 생각한다. 여러 개의 중소기업을 합쳐서 대기업으로 만드는 비즈니스가 한때 유행하기도 했다.

그러나 최근 이처럼 큰 것을 맹목적으로 좋아하는 것에 제동이 걸리고 있다. 우선 대기업에 대한 인식이 변하고 있다. 시장과 기술의 급속한 변화에 신속히 대응하고 생존하는 데 덩치가 큰 대기업이 적합하지 않다는 건 이제 누구라도 아는 사실이다. 20세기에서 21세기로 넘어오는 과정에서 많은 대기업들이 변화에 견디지 못하고 쓰러지거나 합병된 것을 앞에서도 언급한 바 있다.

반대로 작은 기업들은 보다 유연하게 대처함으로써 살아남았다. 한두 가지 자신들의 전문 분야만을 깊게 파고 있는 작은 기업들은 오히려 변화가 심한 시대에 유리하다. 자신들만의 전문성으로 변화를 주도할 수 있고 시장에 신속하게 적응하며 기회를 창출할 수 있기 때문이다.

1인 기업이 대세다. 자신만의 업을 시작할 때는 가급적 작게 시작하는 것이 유리하다. 작게 시작하면 초기의 여러 가지 부족한 자원과 열악한 상황을 극복하는 것이 쉽기 때문이다. 또 작게 시작할수록 실패로 인한 위험부담이 적다. 그리고 마지막으로 작게 시작할수록 성공 확률이 높기 때문이다.

『The One Thing』의 저자 게리 켈러는 복잡한 세상을 이기는 단순함의 힘은 "한 가지에 집중하는 것"이라고 강조한다. 그 한 가지는 작을수록, 뾰족할수록 유리하다고 한다. 즉 처음 시작이 작을수록, 뾰족할수록 성공 확률이 높다. 작은 분야에서 성공한 다음 그 성공을 바탕으로 또 다른 옆으로 확장하는 것은 아주 쉽다. 창업 역시 마찬가지다. 흔히 크게 욕심을 내어 이것저것 시작했다가 하나도 못하고 고생만 하는 경우가 많다.

지나치다 싶을 만큼 작은 아이템으로 시작해라. 실패해도 괜찮을 만한 작은 것으로 시작해라. 거기에서 다양한 경험을 해라. 거기에서 성공해라. 그다음 그 성공을 바탕으로 다른 분야로 확장해라. 이것이 창업의 순리다.

지금 이 시대에는 자신만의 작은 기업을 만들어 신출귀몰하게 떠다니며 세계를 누빌 수 있는 조건이 충만해 있다. 자신만의 전문성을 기반으로 작게, 더 작게 시작해라. 같은 힘으로 던진다면, 작으면 작을수록 멀리 그리고 높이 날아간다.

될 때까지
지속하라

여기까지 읽어 온 독자들이라면 대부분 앞으로는 자기 일을 가지고 창업을 해서 사는 것이 유리하겠구나라고 생각하길 기대한다. 그러나 한 가지 우려스러운 것은 청년들이 창업을 너무 쉽게 생각하고 접근하면 어쩌나 하는 것이다. 사실 이 책의 앞에서는 누구나 창업에 손쉽게 도전하라는 의미에서 두려워하지 말고 나서라고 강조했다. 그러나 한 가지 유의해야 할 게 있다. 창업이 자기 생각처럼 그렇게 쉽게 되지 않는다는 걸 말이다.

빨리 자기 업을 시작하려고 한다면 아마 누구라도 시작할 수 있을 것이다. 물론 시작한다는 것 자체는 권하고 싶다. 그러나 준비와 각오를 함께 해야 한다. 일단 시작을 하면 모든 사람이 "생각대로 안 되네"를 연발할 게 분명하니까. 모든 사업은 없는 기회를 만들거나 기회가 있더라도 치열한 경쟁을 해야만 하는 상황이기 때문에 모든 건 예상과 달리 진행된다. 더디게 진행되거나 아예 안 될 수도 있다. 이럴 경우 대부분의 창업자들은 너무 쉽게 포기하거나 실망하거나 생각을 바꾸곤 한다. 창업 실패의 가장 흔한 경우 중 하나이다. 이럴 경우를 대비해 청년들은 사전에 이러한 사실을 충분히 인지하고, 준비와 각오를 단단히 해야 한다.

우선 왜 이 일을 시작했는지에 대한 강한 사명감과 비전이 필요하다. 상황이 바뀌거나 혼란이 오더라도 절대 흔들리지 않는 근성과 끈기로 무장해야 할 것이다. 창업의 목표를 달성하는 것이 어려운 건 대부분 달성하고자 하는 지점에 도달하기 전에 그만두기 때문이다.

반면 도저히 될 것 같지 않은 어려운 상황에서도 끝까지 초심을 잃지 않고 밀어붙였을 때 창업에 성공한 사례가 많다. 지금은 세계적인 기업이 된 페이스북이나 한국의 국민 메신저라는 카카오톡도 초기에는 사업이 잘 될 거라고 누구도 예상하지 않았다. 투자자들이나 주위 사람들이 "그게 되겠어?" 했던 모델들이다. 그러나 세상의 부정적인 시각에 굴하지 않고 당초 생각을 끝까지 고집해 세상 사람들을 설득했다.

창업은 이런 것이다. 자신의 의지와 사명감으로 끝까지 실현시키는 것이 창업이다. 창업은 처음부터 되고 안 되고가 결정되어 있지 않다. 모든 건 창업자가 어떻게 하느냐에 달렸다. 창업자가 어떻게 끝까지 끌고 가느냐에 달렸다. 처음부터 각자가 하려고 하는 사업에 시장이 우호적인 경우는 많지 않다. 오히려 적대적이고 부정적인 상황이 더 많다. 최근에는 학생들이 창업에 많은 관심을 가지고 창업동아리 활동도 하고, 실제 사업자 등록까지 하면서 창업 활동을 하고 있다. 그러나 많은 학생들이 창업 활동을 시작하고 나서 얼마 되지 않아 중단하거나 포기한다. 시작할 때는 호기심에 쉽게 달려드는데, 시작하고 보면 의외로 잘 풀리지 않는 이슈들이 많기 때문이다. 학교에서 교과서 공부하듯이 접근하면 절대 풀리지 않는다. 특별한 노력도 해보지 않고 너무 쉽게 도중에 포기하고 돌아선다. 그리고는 창업이 어렵다고 말한다. 제대로 해보지도 않았으면서 말이다.

스스로 직접 무언가를 만드는 것이 창업의 핵심이다. 그것도 경쟁자보다 더 잘 만들어야 한다. 사전에 충분한 분석과 대비, 각오를 해야 한다. 중간에 절대 포기하지 않고, 처음 시작했을 때의 사명감과 비전을 끝까지, 흔들림 없이 가지고 나가야 한다. 내가 원하는 목표지점에 갈 때까지 주저하지 말고 가야 한다. 그 끝에 분명 자신이 가고자 했던 성취가 기다릴 거라는 강한 신념을 가져야 하는 것이다.

과거 우리 조상들이 가뭄이 심할 때 지내던 기우제는 아주 성공 확률이 높았다고 한다. 왜냐하면 비가 올 때까지 지내니까 비가 안 올 수가 없다는 것이다. 마찬가지다. 창업도 될 때까지 한다는 생각으로 절대 포기하지 말고 끝까지 지속하자. 될 수밖에 없다. 된다는 확신과 끈기, 근성만 있으면.

대한민국 청년들,
1인 1업으로 일어서라!

지난 3월의 어느 날, 학교를 갓 졸업한 여학생 연구실에 들어왔다. 상담을 하러 왔다면서 말 한마디 없이 고개만 숙이고 있었다.

"뭘 도와 드릴까요, 학생!"

어색한 분위기를 깨려고 장난치듯이 말을 걸어봤다. 그러자 그 여학생이 갑자기 흐느끼기 시작했다. 깜짝 놀라 내가 뭘 잘못했나 싶어 얼른 다가가 다독였다.

"왜 그래? 무슨 일 있어?"

대단한 일은 아니었다. 여학생은 졸업 후 취업을 준비 중이던, 이른바 취준생이었다. 30여 군데 이력서를 넣었지만 아직 어디에서도 연락을 받지 못했다. 가뜩이나 우울하고 답답한데 아침부터 어머니와 한판 거하게 하고, 홧김에 집을 나왔단다.

"다른 아이들은 다 취업이 되었는데 넌 대체 왜 그러고 있는 거냐? 학교 다닐 때 공부 열심히 하라고 그렇게 사정했건만 내 말 안 듣더니 취업도 제대로 못하고. 앞으로 뭐가 될래? 너만 보고 있으면 내 복장이 터진다 터져."

도저히 참을 수 없어 여학생은 방문을 걷어차고 집을 나왔다. 하지만 뾰족한 답이 있을 리가 없었다.

"교수님 제가 뭘 잘못한 걸까요? 당장 되는 것도 없고, 뭘 해도 될 것 같지 않고, 하고 싶은 것도 없고. 저는 뭘 어떻게 하면 되나요? 학생 때였으면 학교로 피신이라도 하지만 졸업했으니 학교도 못 오겠고, 그렇다고 집에서는 더 이상 못 살 것 같은데……."

대한민국 청년들은 답답하다. 여러모로 답답하다. 대학생들이, 취준생이, 직장인이, 모두가 답답하다. 상황은 심각하다. 대한민국의 청년들이 답답함에 허우적거리고 있다는 건 대한민국의 미래가 답답하다는 의미이기 때문이다. 그럼에도 정부나 정치권, 교육계 어디 한 곳에서도 제대로 된 대안을 제시하지 못하고 있다. 당사자인 청년들도, 세계적으로 극성스럽기로 소문난 대한민국의 부모세대도 해결책이 없기는 마찬가지다.

원인은 기본적으로 일과 관련이 있다. 일자리를 못 구하고, 구해도 안정되지 못하고, 일을 해도 신나지가 않다. 과거에는 이렇지 않았다. 이러한 현상은 최근에 생겼다. 고용사회가 저물면서 나타난 부작용이라고 할 수 있을 것이다. 직장에 취업하여 내 인생을 남에게 맡기고 살던 시대가 서서히 저물어가고 있는데, 우리들은 아직도 그곳에서 머물고 있기 때문이다.

따라서 청년들의 답답함을 해결하는 가장 근원적인 대안은 일하는 방식을 바꾸는 것이다. 취업을 우선순위에 두는 것이 아니라 내 일을 만들어 '창업'을 하는 것이다.

창업은 삶을 주도적으로 바꾸고 책임감을 갖게 하며, 열정적이고 도전적으로 살 수 있게 변화시킨다. 자기 일로 살기 때문에 원치 않는 실업이 없고, 경제적 부를 이룰 가능성도 직장인의 삶보다 더 크다. 보다 창의적이고, 보다 가슴 뛰게 살아갈 수 있다. 행복한 인생이다. 그러니 창업이 답일 수밖에!

창업에 대한 생각을 바꾸어야 한다. 창업은 과거의 제조업과 같이 대규모 자금을 바탕으로 공장을 짓고 하는 것이 아니라 누구나 할 수 있는 작은 일로 스스로 독립해 자신의 꿈을 실현하는 '홀로서기'다. 직장에 취업해 거기에 의지하여 살지 않고 스스로 독립하여 내 일로 살아가는 인생 홀로서기이다. 창업을 흔히 큰돈을 버는 '대박'으로 인식하고 접근하면 위험하고 실패율이 높지만, 자기의 꿈을 실현하기 위한 수단으로 평생 일을 하는 '과정'으로 인식하면 실패는 문제가 되지 않는다. 창업은 '결과'가 아니라 '과정'이다. 자신이 좋아하는 일을 평생 하면서 원하는 결과를 얻어내는 자기실현 과정이다. 창업을 이렇게 보면 실패에 대한 두려움도 없어지지만 실패를 보는 시각도 달라진다. 실패가 아니라 '시도'가 되고, '학습'이 된다.

그렇다고 창업을 아무렇게나 할 수 있는 것이라고 착각하지는 말자. 각별한 준비와 각오, 끈기와 근성이 갖추어지지 않으면 직장에 취업하는 것만 못하다는 걸 명심해야 한다. 누구나 시작할 수 있지만 함부로 해서는 안 되는 것이 창업이다.

청년들이 신났으면 좋겠다. 청년들이 행복했으면 좋겠다. 청년들 모두가 자기 일로 가슴에 불이 붙었으면 좋겠다. 모두들 창업에 뛰어들기를, 누군가에게 고용되는 것이 아닌 스스로 고용하는 삶을 살아가기를, 대한민국 청년의 부모로서, 교육자로서, 창업 전도사로서, 나는 간절히 바란다.

정부 창업지원프로그램 요약(2016년)

분야	사업명	모집구분		예산 (억원)	사업내용
		지원대상	주관(수행)기관		
기업가 정신 및 창업 교육	창업교육 지원 — 청소년 비즈쿨	초 · 중 · 고 및 특수학교 등	초 · 중 · 고교 등	83	청소년 기업가정신 함양 및 창업 교육 지원
	창업교육 지원 — 창업 아카데미	대학생, 예비 및 3년 미만 기창업자	대학, 연구 · 공공 · 민간기관	35	체계적인 창업교육 지원을 통해 창업 저변을 확대하고 우수 예비창업자 육성 지원
	창업대학원	창업에 관심이 있는 일반인 (석사과정)	전국 대학 (창업대학원)	9	창업 분야의 전문인력 (창업전문가, 창업자 등) 양성
	YES리더 양성	초 · 중 · 고 및 대학생	벤처기업협회	8.8	성공한 벤처기업인 등 YES리더를 활용하여 청소년 및 대학생 등을 대상으로 기업가정신 특강 등을 실시
	장애인 맞춤형 창업교육	장애인 예비창업자 및 장애인기업	(재)장애인기업 종합지원센터	9.74	(예비창업자)창업 기초교육 및 업종별 특화교육 (기 창업자)역량강화 교육
	차세대 여성 CEO 양성교육	창업에 관심 있는 여대생	(재)여성기업 종합지원센터	2	창업에 관심 있는 여대생들에게 체계적인 창업교육을 통해 기업가정신 함양 및 창업마인드를 고취시켜 역량 있는 차세대 여성 CEO 양성
	실전창업스쿨	예비창업자	(재)여성기업 종합지원센터	1.85	창업을 희망하는 여성에게 필요한 전문지식과 창업정보를 전달하고, 실습 위주의 실전창업교육 실시
	시니어 기술창업스쿨	만 40세 이상 (예비)창업자	대학, 공공기관 등	20.8	중 · 장년(40세 이상) (예비)창업자가 경력 · 네트워크 · 전문성을 활용하여 성공적인 창업을 할 수 있도록 지원

분야	사업명	모집구분		예산 (억원)	사업내용
		지원대상	주관(수행)기관		
기업가 정신 및 창업 교육	IP 창조 zone	예비창업자 등	지역지식재산 센터(RIPC) * 2015년 12월 6개 (부산, 광주, 대구, 강원, 인천, 전북) RIPC에 설치	8.3	예비창업자 등에게 발명 · 창업 관련 교육과 사업 아이디어 (아이템)의 구체화 · 권리화 지원
	대학창업교육 체계 구축	중 · 고 학생, 대학생, 대학교수, 중 · 고 교사	한국연구재단	13.5	학교 내 창업 친화적 매뉴얼 개발, 창업교육 콘텐츠 개발, 전문가 창업교육 연수, 창업경진대회 개최, 창업문화 행사(創業知樂) 개최
	스포츠산업 창업지원	예비창업자, 1년 미만 창업기업, 대학생 등	3개 지역센터	6	예비창업자를 선정하여 사업계획수립부터 사업화 과정 교육 후, 보육지원 대상자를 선정하여 보육사업 지원
창업 시설 · 공간 지원	시니어 기술창업지원	만 40세 이상 (예비)창업자	지자체 및 대학	28.5	중 · 장년(40세 이상) (예비)창업자가 경력 · 네트워크 · 전문성을 활용하여 성공적인 창업을 할 수 있도록 지원
	크리에이티브 팩토리 지원사업	예비창업자 및 7년 미만 창업기업	경북대학교 산학협력단	50	(예비)창업자의 우수한 아이디어 · 기술의 신속한 사업화를 위해 아이디어 기획부터 시장 진출까지 사업화 단계별 맞춤형 지원
	창업 보육센터 지원	건립 지원사업 / 창업보육센터	지방중소기업청, 한국창업보육협회	35	창업보육센터(BI)의 노후시설 개선, 일반건물의 BI 전환 등의 리모델링 지원을 통해 창업보육센터 보육환경 개선
		보육역량 강화 지원 / 창업보육센터	한국창업보육협회	73	창업보육센터(BI)의 보육역량 강화를 위해 BI별 입주기업의 보육역량 프로그램 개발 및 운영 지원

분야	사업명	모집구분		예산 (억원)	사업내용
		지원대상	주관(수행)기관		
창업 시설 · 공간 지원	시제품 제작터 운영	예비창업자 또는 창업기업	지방 중소기업청	–	(예비)창업자의 창업아이템을 '디자인→설계→모형제작'까지 일괄 지원을 위해 시제품제작터를 구축·운영
	1인 창조기업 비즈니스센터	1인 창조기업 및 예비 1인 창조기업	공공·민간기관 등	88	1인 창조기업에 사무공간 및 교육, 멘토링 등 경영지원
	K–Global 빅데이터 스타트업 지원	예비 창업자 및 창업기업	한국정보화진흥원	1.1	인프라(빅데이터, 개발자 환경, 운영서버 등) 및 기술코칭 지원
	게임벤처 3.0 지원	게임 분야 예비창 업자 및 1년 미만 창업기업	한국콘텐츠진흥원	8.9	사무공간 등 인프라 지원 및 교육/컨설팅 지원 등
창업 멘토링 · 컨설팅	K–Global 기업가정신 및 인큐베이팅 인턴십	ICT 기반 우수 유망 스타트업, 중소·중견 벤처기업대표	정보통신산업진흥원	7	미국 스탠포드대 변화와 혁신 Design Thinking 교육, 비즈니스 멘토링/ 매칭 지원 및 해외 현지화 인큐베이팅 인턴십 프로그램 지원
	K–Global 창업멘토링	ICT 기반 창업초기·재도전 기업, 대학창업동아리	(재)한국청년 기업가정신재단	29.9	벤처 1세대의 경험과 노하우를 활용, 창업초기/재도전기업 및 대학창업동 아리에게 성공 확률을 높이는 밑거름 으로 작용될 수 있도록 상시 멘토링 지원 및 기업가정신 함양을 위한 실전 창업교육, 창업에 관한 정보교류 네트워킹, 글로벌연수 프로그램 지원
	6개월 챌린지 플랫폼 사업	아이디어의 사업화를 준비하 는 예비창업자 및 신청일 기준 창업 1년 이내 기업	대전 연구개발특구 진흥재단	112.5	창조경제혁신센터에 접수된(창조경제 타운에 등록된) 아이디어를 선별하여 아이디어 구체화(사업화 모델개발 등), 권리화(특허출원 등), 실증화(시제품 제작, 기술도입 등), 시장 검증 (데모데이 등), 공공기술연계 등을 선별적 지원

분야	사업명	모집구분		예산 (억원)	사업내용
		지원대상	주관(수행)기관		
창업 멘토링 · 컨설팅	엑셀러레이터 연계지원 사업	혁신센터를 통해 검증된 창업기업, 6개월 챌린지 플랫 폼 졸업기업 등	연구개발특구진흥재	91	엑셀러레이터를 통한 보육 및 멘토링 지원, 투자 받은 기업 등에 창업자금(초기 R&D) 지원
	선행기술조사	예비창업자, 중소기업	지역지식재산센터	4	신제품 · 신기술 개발 시 선행기술 존재 여부 및 유사 기술정보 조사 · 분석
	국민행복기술 구현사업	전 국민	한국발명진흥회	6	창조경제타운의 우수 아이디어 구체화 · 지재권화 지원
	창조경제타운의 우수 아이디어 구체화 · 지재권 화 지원	지식재산 재능나눔	지역지식재산센터	0.4	지식재산 창출에 어려움을 겪는 소기업, 예비 창업자 등에게 출원상담, 선행기술조사, 지재권 교육, 지식재산 경영컨설팅, 브랜드 개발, 디자인 개발 등을 지식재산 전문가 또는 단체의 재능 나눔을 통해 지원
	투자유치 인큐베이팅 프로그램	예비창업자, 창업초기기업 (3년 이내) 및 중소기업	한국발명진흥회	1.6	우수특허를 보유한 예비창업자 등을 대상으로 사업 계획 및 전략 수립 지원 기업 스스로 투자유치를 준비할 수 있도록 투자유치 교육 및 컨설팅, IR 클리닉, 설명회 등 일련의 투자유치 인큐베이팅을 지원
	국내 · 해외 지식재산 권리화	예비창업자, 중소기업	지역지식재산센터	30	국내 · 해외 특허 · 실용신안 · 상표 · 디자인, PCT 출원비용 중 일부 지원
사업화 지원	사업화 지원	창업선 도대학 육성	예비창업자 및 1년 미만 창업기업	전국 34개 창업선도대학	753	유망아이템을 보유한 (예비)창업자를 발굴하여 창업선도대학 인프라 내에서 성공적인 창업활동을 지원
		창업 사관 학교	만 39세 이하의 창업 3년 이내인 자(기업)	중소기업진흥공단	260	청년창업자를 선발하여 창업계획 수립부터 사업화까지 창업의 전 과정을 일괄 지원하여 젊고 혁신적인 청년창업 CEO 양성

분야	사업명	모집구분		예산 (억원)	사업내용
		지원대상	주관(수행)기관		
사업화 지원	창업맞춤형 사업화 지원	3년 미만 창업기업	대학 등 전문기관	223	창업초기기업에 사업모델(BM) 개발, 아이템 검증·개발, 시장진입 등 사업화 자금 지원
	창업도약 패키지	3년 이상 7년 이내 창업기업	창업진흥원	100	사업모델 혁신, 경영전략 멘토링, 아이템 보강, 글로벌 시장진출 등 필요한 사업화 자금 지원
	선도벤처 연계 기술창업	예비창업자 및 3년 미만 창업기업	창업진흥원 등	70	선도벤처기업과 협업하여 (예비)창업 자에게 창업 준비 공간, 시제품 제작, 전담 멘토링, 사업기획 등의 비용 지원
	민관공동 창 업자 발굴· 육성(TIPS 연계지원)	3년 미만 창업기업	창업진흥원	60	성공벤처인 주도 엔젤투자사·대기업 의 선별능력을 활용하여 선발된 TIPS 창업팀의 성과창출을 위해 창업자금(최대 1억) 연계지원
	창업인턴제	대학(원) 재학(대학생 은 4학기 이상 수료 자) 및 졸업 후 3년 이 내 미취업자	창업진흥원, 벤처기업협회	100	유망 창업·벤처기업에서의 인턴십 경험 및 사업화 지원을 통해 청년 예비창업자의 성공 창업을 도모
	패키지형 재도전 지원 사업	(예비)재창업자 또는 재창업 3년 미만 기업의 대표자	창업진흥원, 정보통신산업 진흥원	88	성실실패기업인을 대상으로 재창업 역량강화교육 재창업사업화 지원 등의 프로그램 일괄지원
	K-Global Re- Startup 민간투자 연계 지원	폐업 경험 보유자가 참여중인 ICT·융합 분야 창업기업	정보통신산업 진흥원	50	유망 재도전 기업을 발굴·육성하기 위해 민간 투자에 대해 정부가 1:1~1:3 규모의 매칭(최대 3억원) 자금 지원 실시
	스마트벤처 창업학교	예비창업자(팀) 및 3년 이내 창업기업 단, 만 39세 이하인 자 (1976년 1월 1일 이후 출생자)	대학 등 전문기관	131.5	앱, 콘텐츠, SW 융합 등 유망 지식서 비스 분야의 사업계획수립 개발, 사업 화까지 창업 전(全) 과정을 집중지원

지식서비스창업지원 (지식
서비스
창업
지원) is the 분야 for the 스마트벤처 창업학교 row.

분야	사업명	모집구분		예산 (억원)	사업내용
		지원대상	주관(수행)기관		
사업화 지원	지식 서비스 창업 지원 / 스마트 창작터	예비창업자 및 1년 이내 창업기업	대학 등 전문기관	119	유망 지식서비스 분야 (예비)창업자에 대한 전문교육, 전문가 멘토링 등 창업활동 지원
	장애인 창업아이템 경진대회	장애인 예비창업자 및 창업 1년 미만 장애인기업	(재)장애인기업 종합지원센터	0.5	우수한 장애인 창업성공 사례를 공모 · 시상
	여성창업 경진대회	예비창업자 및 창업 후 2년 미만 창업기업	(재)여성기업 종합지원센터	0.9	예비여성창업자들의 창의적이고 우수한 창업아이템을 조기에 발굴 · 육성하고, 효과적인 사업화 모델을 통한 사업화 능력을 배양하여 여성창업 활성화 기여
	여성벤처창업 케어 프로그램	여성 예비 (벤처)창업자	(사)한국여성 벤처협회	5	벤처창업을 희망하는 여성을 대상으로 창업캠프, 전문창업교육과 CEO 밀착 멘토링, 사업화 과제해결 등 지원
	K–Global Startup 공모전	ICT 분야(SW, IoT, DB 등) 예비창업자 및 창업기업	정보통신산업 진흥원	10	ICT 분야 창의적 아이디어를 공모 · 발굴 하여, 창업 · 사업화 · 해외진출 지원
	글로벌 엑셀러레이터 육성	예비 및 초기창업기업	국내 엑셀러레이터	36	민간 엑셀러레이터가 해외 엑셀러레이터와 유망스타트업 공동 발굴 및 육성 지원
	K–Global Startup 스마트 디바이스	스마트 디바이스 분야 중소, 벤처, 창업기업 및 예비 창업자, 학생 등	공공기관	14	스마트디바이스 분야 아이디어 발굴, 기술 · 디자인 · 비즈니스 등 시제품 개발지원, 교육프로그램 운영 지원
	K–Global 스마트미디어	스마트미디어 분야 중소 · 벤처개발사, 1인창조기업	한국방송통신 전파진흥원	7.98	스마트미디어 분야 창의아이디어 사업화 및 서비스 상용화 지원

분야	사업명	모집구분		예산 (억원)	사업내용
		지원대상	주관(수행)기관		
사업화 지원	K-GLOBAL DB-Stars	데이터 활용 비즈니스 모델을 보유한 연 매출 5억 원 미만의 스타트업, 개인개발자	한국데이터 베이스진흥원	4.5	데이터 활용에 핵심가치를 둔 우수 스타트업 발굴·육성을 위해, 데이터 특화 컨설팅·교육·멘토링·네트워킹·인프라 등 지원
	K-Global 클라우드 기반 SW 개발환경지원	예비창업자 및 스타트업	정보통신산업 진흥원	–	클라우드 기반 SW개발환경 및 인프라 지원
	K-global IoT 챌린지	예비창업자 및 7년 미만 창업기업	한국인터넷 진흥원	0.5	IoT 분야 아이디어를 보유한 기업이 사업화를 가속화할 수 있도록 IoT 글로벌 민관 협의체와의 상생협력 지원
	사회적 기업가 육성사업	예비창업자 또는 1년 미만 창업기업	한국 사회적 기업진흥원	150	사회적 기업가로서의 자질과 혁신적인 사회적 기업 창업 아이디어를 보유한 창업자(팀)를 선발하여, 창업공간·창업비용·교육 및 멘토링 등을 제공하여 사회적 기업 창업의 전 과정 지원
	창업발전소 스타트업 육성 지원	예비창업자 및 창업 5년 미만 기업	한국콘텐츠 진흥원	19	사업화 자금, 입주비, 홍보·마케팅 등
	창조관광사업 공모전 개최	예비창조관광사업 A그룹 : 미창업자, B그룹 : 7년 이내 창업자 창조관광기업 : 업종, 업력 무관 중소기업	한국관광공사	10	예비 및 창조관광 사업 공모전을 통해 선발한 업체 대상 창업, 컨설팅, 교육, 재무, 판로 개척, 홍보 지원
창업 자금 지원	창업 지원 자금 일반창업 자금	예비창업자 및 7년 미만 창업기업	중소기업 진흥공단	13,500	우수한 기술력과 사업성은 있으나 자금력이 부족한 중소·벤처기업의 창업을 활성화하고 고용창출 도모
	창업 지원 자금 청년창업 전용자금	만 39세 이하의 창업 3년 이내의 창업자(기업)	중소기업 진흥공단	1,000	우수한 아이디어를 보유한 청년층 대상 창업초기 운영자금, 멘토링, 창업공간, 교육 등 제공

분야	사업명	모집구분		예산 (억원)	사업내용
		지원대상	주관(수행)기관		
창업 자금 지원	재창업자금	사업 실패 후 재창업 준비중인 자 또는 재창업 7년 이내 기업	중소기업 진흥공단	1,000	사업실패로 인한 저신용, 신용불량 정보 등으로 민간금융 이용이 제한적인 재창업기업(예비재창업자 포함)을 위한 전용자금 제공
	창업기업 보증 지원	창업 5년 이내 중소기업 (유망창업기업은 창업 7년 이내)	신용보증 기금	120,000	창업기업이 금융회사 등에 대하여 부담하는 금전채무에 대한 신용보증
	퍼스트펭귄형 창업기업 보증지원	창업 2년 이내 중소기업 중 신용보증기금 평가 점수가 일정 수준 이상인 기업	신용보증 기금	–	미래성장성이 기대되는 창업기업에 대한 신용보증 및 컨설팅 등 비금융 서비스 지원
	기술창업기업 보증지원	창업 후 5년 이내 창업기업	기술보증 기금	81,000	신기술을 보유한 창업기업에 대상 보증지원
기술 개발 지원	TIPS 프로그램 운영	7년 미만 창업기업	한국엔젤 투자협회	410	운영사의 엔젤투자금(1억 원)에 정부 기술개발자금(5억 원)+창업자금 등 (4억 원) 연계지원과 운영사의 보육·멘토링 등 종합 지원
	창업성장 기술개발– 창업기업과제	창업 후 7년 이하이고, 상시종업원 수 50인 이하 또는 매출액 50억 원 이하인 중소기업	중소기업 기술정보 진흥원	1,684	창업 후 7년 이하인 창업기업에서 필요한 기술개발 자금을 총 사업비의 80% 이내에서 1~5억 원 (개발기간 : 1~2년)까지 지원
	창업성장 기술개발–1인 창조기업 과제	'1인 창조기업 육성에 관한 법률' 제2조에 해당하는 1인 창조기업 중 창업 후 7년 이하인 기업	중소기업 기술정보 진흥원	204	창업 후 7년 이하인 1인 창조기업에서 필요한 기술개발 자금을 총 사업비의 80% 이내에서 1억 원 (개발기간 : 1년)까지 지원
	재창업아이디어 신제품 개발사업	예비재창업자 및 재창업 기업(7년 미만)	중소기업 기술정보 진흥원	40	일반 R&D 사업에 선정되기 어려운 재기 중소기업의 창의성·혁신성 및 아이디어가 우수한 시제품 개발 지원

분야	사업명	모집구분		예산 (억원)	사업내용
		지원대상	주관(수행)기관		
기술 개발 지원	K-Global ICT 유망기술 개발지원 (ICT 창업 · 재 도전 분야)	(창업) 예비 창업자 및 창업 1년 미만의 중소 · 벤처 창업기업 (재도전) 재도전 기업인의 재창업 기업 * 재창업 기업의 경우 신청일 기준 3년 이내 법인설립 기업에 한함	정보통신 기술진흥센터	30	ICT 분야 창업을 활성화하고 선순환적 창업 기반을 강화하기 위하여 신기술과 우수 아이디어를 활용한 창업 기술개발 지원
	투자연계형 기업성장 R&D 지원	초기 창업기업	초기 창업기업	120	초기 창업기업에 대해 민간투자운용사의 투자와 연계하여 R&D 자금 지원
판매 · 해외 진출 지원	글로벌 창업기업 발굴 · 육성 프로그램	(초기창업기업 해외진출)예비창 업자 또는 3년 미만 창업기업 (유망창업기업 해외진출) 창업 7년 미만의 유망 창업기업 (외국인창업)재외동포 포함 외국인 예비창업자 창업 3년 이내 외국인 창업기업 귀환 유학생	창업진흥원	120	(초기 및 유망 해외진출) 국내연수, 현지보육 또는 해외 마케팅비 지원 (외국인창업) 시제품제작, 창업비자, 마케팅비 등 지원
	1인 창조기업 마케팅 지원	1인 창조기업 및 예비 1인 창조기업	민간기업	60	1인 창조기업에 디자인 개발, 홈페이지 · 홍보영상 제작 등 마케팅을 지원
	K-Global 해외진출사업	ICT 융합 분야에서 글로벌 시장 진출 가능성이 높은 창업 7년 이내의 중소 · 벤처기업 및 예비 창업자	본투글로벌 센터(KAIT)	52	ICT 분야 스타트업 기업의 해외 시장 진출 지원
	데이터기업 해외진출지원	데이터 분야 중소 · 중견기업	한국데이터 베이스진흥원	4.2	수출용 데이터 솔루션 고도화, 데이터 기업 수출마케팅
	K-Global 스마트모바일 스타기업 육성	국내 중소 스마트콘텐츠 개발사 또는 컨소시엄	민간기업	30	융합형 스마트콘텐츠 제작지원 및 유 망 스마트콘텐츠의 해외진출 지원을 위한 홍보마케팅, 서비스인프라 등

분야	사업명	모집구분		예산 (억원)	사업내용
		지원대상	주관(수행)기관		
창업행사 · 네트워크 구축	창조경제박람회 개최	벤처창업기업 등	창업진흥원	4	벤처창업유공자 포상, 전시지원, 부대행사 등 지원
	대한민국 창업리그 개최	예비창업자 및 3년 이내 창업기업	대학 및 민간기관	15	우수 창업아이템 및 아이디어를 갖춘 (예비)창업가를 발굴·지원하여 창업 저변을 확대하고 창업 붐을 조성
	대한민국 지식재산대전 개최	전 국민	한국발명 진흥회	12.8	발명특허대전, 상표디자인전, 서울국제발명전 개최

(자료 제공 : 중소기업청, 창업진흥원)

내 일은 내가 만든다

1人 1業

지은이 | 서창수

초판 1쇄 발행 | 2016년 8월 29일

펴낸이 | 신난향
편집위원 | 박영배
펴낸곳 | (주)맥스교육(맥스미디어)
출판등록 | 2011년 08월 17일(제321-2011-000157호)
주소 | 서울특별시 서초구 논현로 83 삼호물산빌딩 A동 4층
전화 | 02-589-5133(대표전화)   팩스 | 02-589-5088
홈페이지 | www.maksmedia.co.kr

편집장 | 송지현
기획 · 편집 | 조현주 허현정
디자인 | 서정민 김세은
영업 · 마케팅 | 최상호 유용희
경영지원 | 장주열
인쇄 | 삼보아트

ISBN 979-11-5571-423-2 13320
정가 15,000원

* 이 책의 내용을 일부 또는 전부를 재사용하려면 반드시 (주)맥스교육(맥스미디어)의
  동의를 얻어야 합니다.
* 이 도서의 국립중앙도서관 출판예정도서목록(CIP)은 서지정보유통지원시스템
  홈페이지(http://seoji.nl.go.kr)와 국가자료공동목록시스템(http://www.nl.go.kr/kolisnet)에서
  이용하실 수 있습니다.(CIP제어번호: CIP2016019458)
* 잘못된 책은 구입한 곳에서 바꾸어 드립니다.

저희 맥스미디어(MAKSMEDIA)는 독자 여러분의 책에 관한 아이디어와 원고 투고를
기쁜 마음으로 기다리고 있습니다. 책 출간에 대한 아이디어가 있으신 분은
이메일 maxedu@maksmedia.co.kr로 간단한 개요와 취지, 연락처 등을 보내주세요.
작가가 되는 기회의 문을 두드리세요.